Martina Meuth

Die Thai-Küche

Martina Meuth

Die Thai-Küche

Aus Asiens würzigem Garten

Droemer Knaur

Eine Menge über die Thaiküche habe ich bei *Nitaya* gelernt, in
deren Restaurant in München ich häufig und vor allem
unbeschreiblich gut habe essen dürfen.
Mein besonderer Dank gilt Kurt Wachtveitl, dem längst
legendären General-Manager eines der angenehmsten Hotels
der Welt, *The Oriental* in Bangkok, und seinen Leuten, die mir
bei meinen Arbeiten für dieses Buch in liebenswürdiger Weise
halfen. Auch Ralf Radtke, dem General-Manager des
wunderschönen alten *Railway-Hotels,* heute
Sofitel-Central-Hotel im Badeort *Hua Hin,* habe ich für seine
Hilfe, für seine Tips und Unterstützung zu danken.
Leider kann ich mich nicht bei all den vielen namenlosen
Köchinnen und Köchen bedanken, denen ich über die Schulter
schauen durfte, deren Gerichte ich probieren und deren
Rezepte ich notieren konnte.
Deshalb soll ihnen allen dieses Buch gewidmet sein.

CIP-Titelaufnahme der Deutschen Bibliothek

Meuth, Martina:
Die Thai-Küche : aus Asiens würzigem Garten / Martina Meuth.
[Zeichn. von Waltraud Berger]. – München : Droemer Knaur, 1989
ISBN 3-426-26408-0

Alle Fotos von Martina Meuth

Zeichnungen von Waltraud Berger

© Droemersche Verlagsanstalt Th. Knaur Nachf., München 1989

Satz Appl Wemding
Druck und Bindung Neue Stalling Oldenburg
Printed in Germany 5 4 3 2
ISBN 3-426-26408-0

Inhalt

Als ich im Herbst 1974 zum ersten Mal nach Thailand kam, hatte ich bis dahin noch nie die Grenzen Europas überschritten, unseren mitteleuropäischen Kulturkreis noch nie verlassen. Vielleicht wirkten deshalb die neuen Eindrücke auf mich so überwältigend. Jedenfalls bin ich mit dem ersten Schritt auf thailändischen Boden damals in glückliche Liebe zu diesem Land gefallen. Und ich empfinde sie heute noch ebenso, auch wenn ich bei vielen weiteren Reisen natürlich feststellen mußte, daß sich seither vieles – und natürlich nicht immer nur zum Vorteil – geändert hat.

Geblieben sind für mich bis heute Faszination und Begeisterung: Dieses flirrende Licht, der Schimmer von den funkelnden, goldüberzogenen Dächern der Tempel, die strahlenden, leuchtenden Farben überall, die betörenden Düfte, die scharfen Gerüche, der ohrenbetäubende Lärm ausgelassener Menschen, die um so fröhlicher werden, je zahlreicher sie zusammen sind, ihre Heiterkeit, ihre Gelassenheit, ihr Stolz.

Geschichte, Land und Leute

Thailand, das heißt: *Land der Freien.* Den Stolz darauf tragen die Menschen im Rückgrat, er gibt ihnen eine sichtbare, aufrechte Würde. Die Thai haben sich niemals einem anderen Volk unterworfen. Sie sind eher, wo es nötig war, mit anderen Stämmen verschmolzen. Zum Beispiel, als sie vor Beginn ihrer Geschichtsschreibung, irgendwann im 6. Jahrhundert, aus den südöstlichen Regionen Chinas Richtung Süden vordrangen, bis sie auf die Mon und Khmer trafen, die dort siedelten, wo heute Thailand liegt. Und ihrerseits haben sie die Fremden, die sie vorfanden, nicht unterjocht, sondern sie integriert und sich eingepaßt.

Sie haben sich ihre Könige als freie Menschen erwählt, sich nicht zu Untertanen gemacht. An dieser besonderen, engen Beziehung zwischen Herrscherhaus und Volk hat sich bis heute nichts geändert. Schließlich haben sie sich auch in der Neuzeit weder Ost, wie viele ihrer Anrainer, noch West gebeugt. Und es scheint, daß sie selbst mit dem letzten Angriff auf ihre Freiheit ganz gut fertig werden, der Ende der siebziger Jahre in Form eines unappetitlichen Sextourismus dem Land die Unschuld nahm. Eine Gefahr, die inzwischen erkannt und eingedämmt wurde.

Auch die Vielzahl chinesischer Einflüsse, die sofort ins Auge fallen – neben den Rundungen thailändischer Schriftzeichen

finden sich an den Reklameschildern in den Städten mindestens ebenso viele chinesische Schriftbilder –, haben nichts mit Unterwerfung zu tun. Der Grund dafür liegt in der Religion. Der Theravada-Buddhismus, den man in Thailand praktiziert (ursprünglich von Indern ins Land getragen), predigt, sich von materialistischen Dingen ab- zuwenden, um zum Seelenheil und zu wahrem Glück zu gelangen. So war es für einen gebildeten Thai allenfalls als Lehrer und Diener möglich, auf ehrenvolle Weise zu Macht zu gelangen. Schon im Reich der Sukhothai, im 13. Jahrhundert, holte man für die ebenso profanen wie wichtigen Dinge, nämlich Handel und Handwerk, Chinesen ins Land, die mit der ihnen eigenen Tüchtigkeit, Kraft, Beweglichkeit und angeborenem Geschäftssinn die Dinge entsprechend in die Hand nahmen – um sie nie wieder herzugeben, versteht sich. Natürlich zeigen sich solche Einflüsse auch in der Küche. Die Chinesen steuerten Nudeln bei, die Sojasauce und ihre Vorliebe für Hühnerfleisch. Der Wok stammt aus China und natürlich die Methode des Pfannenrührens. Von den Indern kommt die Leidenschaft für intensive Kräuter und Gewürze, die Würzpasten und Currys – die ihren Namen im übrigen den Indien kolonisierenden Engländern verdanken, die das Hinduwort *kari* für Sauce zu Curry anglisierten. Und nichts anderes will der Begriff auch sagen: Ein Gericht mit viel Sauce – es hat nichts mit jenem gelben Pulver zu tun, das man als Curry kaufen kann.

Auch die Malayen, Anlieger und Einwanderer im Süden des Landes, das wie eine Axt geformt im Herzen Südostasiens liegt, haben ihr Scherflein zur Schärfe beigetragen und mit »trockenen« Currygerichten, solchen mit dick eingekochter Sauce, die Küche bereichert. Aber was braucht ein Land, das so fruchtbar wie ein Paradies ist, mit einem solch günstigen Klima gesegnet, noch Einflüsse. Jedes Samenkorn geht auf, nichts, was nicht in verschwenderischer Üppigkeit gedeihen würde. Kokospalmen, Früchte aller Art, Gemüse, Kräuter, die schönsten Blumen – von allem soviel, daß auch der Ärmste nicht sparen muß. Und so werden die Kräutlein nicht vorsichtig blättchenweise, sondern großzügig ins Essen gestreut, sie werden im Mörser zu intensiven Konzentraten zerstampft und finden reiche Verwendung. Deshalb duftet das ganze Land betörend, nach Gewürzen, Kräutern, Blumen und Früchten, nach sämtlichen Wohlgerüchen Asiens.

Hinzu kommt die inzwischen auch durch unsere westliche Ernährungswissenschaft anerkannte Tatsache, daß gewisse Gewürze und Kräuter bestimmte Verdauungsenzyme anregen, sowie vor Verderb, Fäulnis und Krankheiten schützen. Sie dienen also der Gesundheit. In einem strapaziösen tropischen Klima, wo eiweißhaltige Nahrungsmittel – von Fisch bis Fleisch – besonders gefährdet sind, ist vor allem letztere Wirkung, die nachgewiesenermaßen beispielsweise Chili oder Ingwer ausüben, geradezu unerläßlich. Zumal Kühlschränke auf dem Land noch selten sind.

Intensive Gewürze, die Schärfe von Chilis besonders, helfen auch Hitze besser zu ertragen: Der Stoffwechsel wird angekurbelt, das Blut zirkuliert rascher, die Verdauung wird beschleunigt und so das Wohlbefinden gestärkt.

Viele an Milde gewöhnte Europäer haben bei den ersten Begegnungen ihre Schwierigkeiten mit der Eindeutigkeit und Intensität dieser Gewürze und Geschmäcker. Aber vielleicht tröstet es zu wissen, daß auch ein Thai es irgendwann einmal als Kind *lernen* muß, diese Kraft und Vielfalt zu lieben. Man muß durch langsames Steigern der Dosis dahin kommen, die thailändische Würz-Intensität zu ertragen. Die Liebe dazu stellt sich garantiert bald von selbst ein. Schließlich handelt es sich um eine der besten Küchen der Welt! Als Feuerlöscher sollte man übrigens niemals Flüssigkeit nehmen! Wer mit wundem Gaumen zu trinken beginnt, wird noch lange unter diesem Feuer leiden. Statt dessen lieber einen Löffel blanken, weißgekochten Reis verzehren. Das wirkt wie wun-

derbar besänftigend. Und ist dank des unvergleichlichen Geschmacks des in Thailand üblichen Duftreises zugleich ein herrlicher Genuß!

Blumen, Blumen, Blumen. Überall die schönsten
Blüten, in den leuchtendsten Farben, mit
betörendem Duft. Die Kränze und Ketten aus weißen
Jasminblüten mit bunten Bändern (ganz links)
sind keineswegs nur für Touristen da. Sie
werden überall, auf Märkten, sogar den haltenden
Autofahrern an der Straßenampel, verkauft.
Besonders kunstvolle Exemplare kosten nicht wenig.
Sie werden in Tempeln und auf Hausaltären geopfert, ihr Duft ist schwer und betäubend
allgegenwärtig. Die noch geschlossenen Blüten des
Jasminstrauchs (oben) werden auf dem Markt bei
den Kräutern und Gemüsen gehandelt. Sie
finden in der Küche Verwendung: Damit wird Wasser
parfümiert, mit dem man manchmal Reis und
Süßspeisen zubereitet.
Die Lotosblüten, auf dem kleinen Photo oben noch
als geschlossene Knospen zu sehen, werden mit
viel Mühe Blatt für Blatt behutsam geöffnet
und kunstvoll umgeknickt, bis der Blütenboden
sichtbar wird, und schließlich von den gefalteten
Blättern wie von einem besonders schönen
Blütenkranz umgeben (kleines Photo unten)

Markt, Markt, Markt. In Thailand gibt es die schönsten Märkte. Unter freiem Himmel und in schattigen Hallen, zu Wasser, zu Lande, nur nicht in der Luft. Zum *floating Market*, dem berühmten schwimmenden Markt südlich von Bangkok, werden zwar die Touristen in Bussen hingefahren, und das Gedränge auf dem Wasser ist unnatürlich eng. Aber in vielen Gegenden funktioniert der Verkauf von den Wasserstraßen aus tatsächlich heute noch völlig normal und jeden Tag.

11

Das Besondere an der Thai-Küche

Der unverwechselbare, typische Thaiduft stammt aus der Verbindung von Chilis, Knoblauch, Zwiebeln und Schalotten, aus grünem Koriander, Basilikum und Minze, Zitronenblatt und Zitronengras, aus Kokossahne, Garnelenpaste, Fisch- und Sojasauce. Und dazu gehört das charakteristische Parfüm von Duftreis, das alles wie eine exotische Wolke einhüllt.

Mit dieser Liste wären auch schon die wichtigsten Ingredienzen der Thai-Küche aufgezählt. Mehr braucht man nicht auf seinem Thai-Küchenregal. Und es sind alles Zutaten, die sich mittlerweile auch bei uns leicht beschaffen lassen. Kräuter, Gewürze, die wichtigsten

Gemüse werden regelmäßig aus Thailand per Luftfracht importiert. (Bezugsadressen finden sich auf der letzten Seite.)

Man darf die Küche Thailands übrigens nicht mit der chinesischen, vietnamesischen oder einer anderen asiatischen Kochkunst verwechseln. Abgesehen davon, daß Asiens Küchen mindestens ebenso verschieden voneinander sind wie die Küchen Europas, nimmt die Thai-Küche eine Sonderstellung ein: Nirgendwo in Asien wird leichter, delikater, bekömmlicher und zugleich so würzig und intensiv gekocht. Es wird kaum Fett verwendet (im Gegensatz zur chinesischen Kü-

Oben: Grundlage für viele Gerichte: Grüne Currypaste, Garnelenpaste und rote Currypaste. Der goldene Taler daneben: Palmzucker.
Unten: Mit rosa Spitzen Galgant, auch Thai-Ingwer genannt. Zitronengras, von dem man nur das helle bulbenartige Wurzelende verwendet. Junger Ingwer, zart und saftig, mehr als Gewürz, fast schon Gemüse. Und schließlich Ingwer, den man großzügig verwenden sollte.

Oben: Die noch geschlossene, längs halbierte Blüte der Palmyra, einer speziellen Kokospalme, aus deren Saft man Palmzucker produziert. Der Saft wird in Bambusbehältern (oben rechts) gesammelt und schließlich eingekocht (rechts), bis er kristallisiert. Palmzucker mit seinem eigentümlichen Duft wird als Gewürz verwendet. Brauner Zucker ist daher kein vollwertiger Ersatz.

Rechts: Auf den Märkten werden die Würzpasten zu Bergen aufgetürmt fertig angeboten. Von links: Garnelenpaste, grüne und rote Currypaste.

Ganz links: Kräuter und Gewürze: Kaffirzitronen mit ihrer grünen schrumpeligen Schale in der Mitte, deren Blätter (links) man viel verwendet, aufgeschnittene Limonen, Schalotten, gelbe Chilis und die winzigen Vogelaugenchilis. Zweierlei asiatisches Basilikum, Koriandergrün und langblättriger Koriander, der zwar genauso duftet und schmeckt, aber nicht verwandt ist.

Immer wieder ein Vergnügen, das Gemüse auf den Märkten zu betrachten. So frisch und liebevoll hergerichtet ist es einfach bildschön. Der Pak Soi (oben), bei uns auch Japankohl genannt, sieht aus wie gemalt und wird wie eine Kostbarkeit präsentiert.

che), reichlich frische Kräuter geben Duft und Farbe, mehr Gemüse als tierische Lebensmittel sorgen für Bekömmlichkeit. Thai-Currys sind mit indonesischen oder indischen nicht zu vergleichen, weil ihr üppiger Geschmack, ihr konzentriertes Aroma nicht mit endlosem Einkochen bewirkt wird, sondern durch die großzügigere Verwendung von Kräutern und Gewürzen.

Gegessen wird *nicht* mit Stäbchen, sondern mit dem Löffel oder – im Süden, auf dem Lande – mit der Hand. Und zwar mit der rechten, weil die linke als unrein

Welche Fülle von Gewürzen und Kräutern! Links (und aufgehäuft in der Mitte) die Doppelblätter der Kaffirzitrone. Rechts darunter die Kurkuma- oder Gelbwurzel, auf thai *krah-chai*, lateinisch *Kaempferia*. Kennt man meist nur als gelbes Pulver, dem die Currymischung ihre Farbe verdankt. Daneben mit rosa Spitzen Galgant, auch Thai-Ingwer genannt. Außerdem: rote und grüne Vogelaugenchilis. Dahinter bräunliche Klumpen: Tamarinde. Und Knoblauch, verschieden groß, als ganze Knolle und einzelne Zehen.

Mit zahllosen Schirmen schützen die Menschen auf dem Markt sich und ihr Gemüse vor der gleißenden, alles versengenden Sonne. Das dichte Gewirr bildet ein Dach, das schließlich kaum Licht durchläßt.

gilt. Wobei es einiger Geschicklichkeit und Übung bedarf, dies auf appetitliche Weise zu tun: Man formt zwischen den Fingerspitzen kleine Reisbällchen, mischt sie mit etwas Curry, Gemüse, Fisch oder Fleisch und befördert sie zum Mund. Dabei trieft bei den ersten Versuchen das halbe Essen über das Hemd ...

In Restaurants werden meist Löffel und Gabel gedeckt. Ein Messer gilt laut Buddha als barbarisch und gehört deshalb nicht auf den Tisch. Schlimm genug, daß man es in der Küche benötigt. Chinesische Stäbchen finden nur bei Nudeln Verwendung, die sich ja mit Löffeln nicht bequem zum Munde führen lassen.

Links oben: Strohpilze kennt man bei uns leider nur aus der Dose, dabei sind es Zuchtpilze, die man gut auch hier ziehen könnte. Sie wachsen auf Stroh, daher ihr Name. Im jungen, schmackhaften Stadium sehen sie aus wie eine Kugel, weil vom Schirm bis zum Fußende ein Häutchen alles verbirgt.
Links Mitte: In hauchfeine Scheibchen geschnittener junger Bambus, ein Gemüse, das man seiner knackigen Konsistenz wegen liebt.
Links unten: Die Blüten und zarten Blätter einer Kürbisart, die man ebenfalls als Gemüse schätzt.
Rechts oben: Bananen gibt es in zahllosen Formen, Größen und Farben. Diese sind den uns vertrauten noch am ähnlichsten. In Thailand ißt man sie meist gekocht, fritiert oder gebraten.
Rechts Mitte: Japanische Mispeln, als italienische Nespole auch hierzulande bekannt. Ein erfrischendes, säuerliches, angenehm saftiges Obst.
Rechts unten: Jackfrucht, eine eigenartige exotische Frucht, die so groß wie zwei aneinandergelegte Fußbälle werden kann, mächtig schwer und schwierig zu öffnen ist. Das gelbe, feste Fruchtfleisch steckt unter einer dicken, mit kurzen stacheligen Noppen besetzter Schale und ist zusätzlich umhüllt von einer wattigen Innenhaut. Es duftet verführerisch, ist süß und zugleich angenehm säuerlich.

Jedes Gemüse wird zum Stilleben hergerichtet. Und für die eilige Hausfrau ist das meiste bereits geputzt, küchenfertig vorbereitet – welch ein Service!

Obst gibt es in verschwenderischer Fülle, in beneidenswerter Üppigkeit, immer von betörendem Duft und verführerischem Aroma – meist für Pfennige.

15

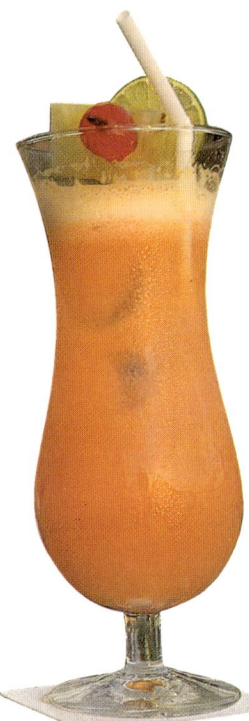

Exotische Drinks haben zwar mit klassischer Thai-Küche nichts zu tun, sind aber längst nicht mehr aus dem Repertoire der Restaurants hier wie dort wegzudenken. Kein Wunder, bei all diesen herrlichen frisch gepreßten Fruchtsäften, die mit Rum und Kokosmilch gemixt einfach köstlich schmecken.

Links: Frischer Zuckerrohrsaft auf Eiswürfeln; damit er nicht zu süß, sondern erfrischend schmeckt, würzt man mit Limonensaft.

Auf den Märkten überall zu finden: Frisch gepreßter Zuckerrohrsaft. Das geschälte Zuckerrohr (auf dem Bild unten links) wird zwischen den beiden Walzen der altertümlich anmutenden Maschine (rechts im Bild) ausgequetscht und in Flaschen verkauft.

Links: Herrlich frisch, mit dem betörenden Kokosduft: Kokoswasser aus der jungen Frucht, mit Löffel serviert, damit man das weiche Fruchtfleisch aus der Schale schaben kann. Der Saft der Kokosnüsse mit rosa Fleisch der Palmyrapalme hat ein ganz eigenes Aroma. Daraus wird übrigens Palmzucker hergestellt.

Nie stellt man nur ein Gericht auf den Tisch, sondern serviert stets eine Folge der verschiedensten Platten. Mindestens eine mehr als Gäste versammelt sind. Möglichst unterschiedliche Zusammenstellungen und Zubereitungen, versteht sich. Für vier Personen könnte eine Mahlzeit zum Beispiel so aussehen: Ein bis zwei Salate, vielleicht sogar ein Häppchen vorneweg, zum Beispiel kleine Frühlingsrollen oder Saté-Spießchen; schließlich ein oder zwei Currygerichte, womöglich sogar eine Suppe und natürlich Reis. Eine Mahlzeit ohne Reis ist praktisch undenkbar. Entweder einfach schlicht gekocht oder mit Gemüsen, Kräutern und Gewürzen gebraten.

Alle Gerichte werden möglichst gleichzeitig auf den Tisch gestellt, so daß sich jeder nach Herzenslust bedienen und jeweils nehmen kann, was er mag.

Deshalb sind die Rezepte in diesem Buch nur dann jeweils für vier Personen ausreichend, wenn mindestens zwei Gerichte serviert werden. Auf europäische Art einzeln aufgetischt, würden sie, zusammen mit gekochtem Reis, zwei Personen satt machen.

Grundrezepte, Tips und Tricks

Auf den nächsten Seiten sind die wichtigsten Hinweise für die praktische Arbeit in der
Küche zusammengefaßt: Welche Geräte zur Küchenausstattung gehören, um die Arbeit
zu erleichtern; wie man Reis richtig kocht, damit er duftig und locker wird;
Grundrezepte für die verschiedenen Würzpasten und -saucen; Tips für bestimmte
Garnituren und Schnittmuster für manche Verzierungen. Ein Kapitel, auf das in den
dann folgenden Rezepten immer wieder verwiesen wird.

Küchengeräte

Man braucht wirklich keine exotische oder ausgefallene Küchenausrüstung, um original thailändisch zu kochen. Universelles Allzweckgerät ist auch in Thailand der *Wok*, wie man ihn aus der chinesischen Küche kennt: Eine weite Pfanne aus dünnem, aber stabilem Stahlblech, deren halbrund geformte Bodenwölbung genau in die Kochstelle paßt, sofern man, wie in Asien üblich, mit Gas oder Holzkohle kocht. Damit läßt sich natürlich nicht auf elektrischen Herdplatten arbeiten. Bei Gasherden hilft ein mitgelieferter Metallring, auf dem der halbrunde Wok über der Gasflamme Halt findet. Mittlerweile gibt es bei uns auch Woks mit plangeschliffenem, flachem Boden, die sich für Kochplatten eignen. Sie können natürlich nicht denselben Effekt liefern – glühende Hitze in der direkt über oder sogar im Feuer sitzenden Wölbung und auf den Rand hinauf langsame Abkühlung –, aber man kann damit gut zurechtkommen. Um

Bambus-
körbchen

Brat-
schaufel

Wok

Mörser

Dämpftopf

Feuertopf

Irdener
Schmortopf

die Zutaten darin so durcheinanderwirbeln zu können, daß sie gleichmäßig mit der Hitze in Kontakt kommen, ist eine Bratschaufel nötig, deren Form sich an die Rundung der Randwölbung anpaßt. Meistens wird sie zusammen mit dem Wok geliefert. Man kann sie aber auch einzeln kaufen.

Im Wok kann man braten, kochen, fritieren, dämpfen – kaum ein Gericht, bei dem er nicht praktisch ist. Suppen und Brühen werden in ganz normalen Töpfen zubereitet, für manches ist eine Teflonpfanne nützlich – aber solche Dinge finden sich ja ohnehin in jedem Haushalt.

Zum Dämpfen empfehlen sich *Bambuskörbchen*, die man aufeinanderstapeln kann, so daß in verschiedenen Etagen gleichzeitig ganz unterschiedliche Gerichte garen. Solche Körbchen kann man in Asien-Shops kaufen. Wer keine hat, behilft sich mit dem Tellertrick: Was gedämpft werden soll, wird auf einen Teller gebettet, der auf einem Untersatz, etwa einer umgestülpten Untertasse, genau in einen Topf mit Deckel passen muß. Das Wasser, das den Dampf entwickelt, darf den Teller nicht erreichen.

Der *Mörser,* der in einem thailändischen Haushalt niemals fehlt, läßt sich durch einen Mixer ersetzen. Für trockene Currymischungen allerdings, für die die gerösteten Gewürze zu feinem Pulver verrieben werden, ist er immer noch unschlagbar.

Die *irdenen Schmortöpfe,* in denen manche Gerichte der Thai-Küche langsam simmern, sind zwar dekorativ, aber für unsere mitteleuropäischen Herde ungeeignet. Sie müssen über oder in der Holzkohlenglut stehen, was bei unseren Herden nicht gut möglich ist. Statt dessen bedient man sich hierzulande lieber unserer üblichen emaillierten gußeisernen Töpfe, die ebenfalls die Hitze gut speichern und weitergeben.

Die sogenannten *Feuertöpfe,* die man in thailändischen Restaurants häufig sieht, benutzt man in Thailand weniger zum Zubereiten bei Tisch (wie man das vom *Fondue chinoise* kennt), sondern vielmehr zum Heißhalten von Suppen – denn eine Suppe muß geradezu brodelnd verspeist werden. Weil unsereins sich jedoch nicht so gern den Mund verbrennt und die Suppe lieber nicht so heiß ißt, wie sie gekocht wurde, kann man einen solchen Topf eher als Zierat denn als zwingend nötig betrachten.

Reis

Reis ist für die Thais noch wichtiger als für uns das Brot. Er ist Grundnahrungsmittel und Lebenselixier zugleich. Ohne Reis ist einfach keine Mahlzeit vorstellbar. Kein Wunder: Der beste Reis der Welt wächst in Thailand. So viel, wie hier angebaut wird,

gibt es nirgendwo. Überdies ist Thailand der größte Reisexporteur der Welt.

Es handelt sich dabei ausschließlich um polierten, also weißen Langkornreis. Parboiled Reis, der bei uns so beliebt ist, weil er dank einer bestimmten Vorbehandlung immer schön körnig gelingt, wird weniger geschätzt, weil er die würzigen Saucen der Thaiküche nicht so gut aufzunehmen vermag. Für einen Thai ist Reis dann perfekt gekocht, wenn seine Körnchen gerade eben so zart aneinander haften, daß sie Saucen wie ein durstiger Schwamm geradezu aufsaugen. Reis gehört zu jeder Mahlzeit. Entweder einfach gekocht, duftig-weiß und locker. Oder, falls etwas übrigbleibt, am nächsten Tag gebraten, dabei mit Öl, Knoblauch, auch verschiedenen Gemüsen und Kräutern gewürzt.

Man rechnet eine Tasse Reis für zwei Personen. In Thailand kocht man ihn völlig ohne Salz, was in Anbetracht des intensiv gewürzten Essens verständlich ist. Und auf folgende Weise zubereitet, wird er garantiert locker und duftig, ohne je klebrig zu wirken:

Grundrezept für Reis

Für vier Personen:

2 Tassen Langkornreis gründlich in einem Sieb waschen, so lange ausspülen, bis das Wasser klar herausläuft. In einen möglichst

dickwandigen Topf geben, zum Beispiel aus Gußeisen, der die Hitze gut speichert und gleichmäßig weitergibt. Mit 3 Tassen Wasser auffüllen. Das Wasser sollte etwa zweifingerhoch über der Reisoberfläche stehen. Ohne Deckel fünf Minuten kochen, bis nur noch eine dünne Wasserschicht über dem Reis sichtbar ist. Auf kleinste Flamme schalten (bei Gas eine Dämmplatte dazwischenlegen), den Reis zugedeckt etwa 20 Minuten ausquellen lassen. Den Deckel dabei nicht lüften. Kurz vor dem Servieren den Reis mit einer Gabel auflockern.

Klebereis

Er wird vor allem im Norden Thailands bevorzugt, in den übrigen Regionen eher zu Desserts verwendet. Es handelt sich um eine spezielle Sorte, die paradoxerweise viel weniger Stärke als der normale Reis enthält und trotzdem nach dem Kochen aneinanderklebt und glasig aussieht. Klebereis sollte vor dem Kochen unbedingt mindestens zwei Stunden, besser noch über Nacht in reichlich Wasser eingeweicht werden.

Für vier Personen:

2 Tassen Klebereis, 3 Tassen Wasser

Den über Nacht eingeweichten Reis in einem dickwandigen Topf aufsetzen. Mit Wasser bedecken, wie beim Grundrezept beschrieben aufkochen und ausquellen lassen. Klebereis braucht man nicht aufzulockern, das wäre vergebliche Liebesmüh'. Er läßt sich in einem gut isolierten Topf wunderbar warmhalten und verändert seine Konsistenz nicht mehr.

Kokos-Reis

Klebereis, in Kokosmilch gekocht, ist als Dessert besonders begehrt: Zusammen mit reifen Mangos, die während der kurzen Saison zwischen Ende März und Mai in Thailand als große Delikatesse geschätzt sind.

Für vier Personen:

2 Tassen Klebereis, 3 Tassen Kokosmilch (siehe Seite 22), eine Prise Salz, 4 EL dicke Kokossahne

Den eingeweichten Klebereis mit der Kokosmilch in einem dickwandigen Topf genauso kochen, wie im Grundrezept beschrieben. Sobald der Reis gar ist, die Kokossahne unterrühren.

Currypasten

Sie sind die Grundlagen jeglicher Thaiküche. Jedes Rezept beginnt zunächst einmal mit den Angaben für die Würzmischung. Aus einer Menge frischer und getrockneter Gewürze, Chilis und Kräutern wird eine feste, streichfähige Paste hergestellt – entweder im steinernen Mörser oder, in mordernen Haushalten, im Mixer. Keine praktische Thai-Hausfrau mischt jedoch für jedes einzelne Gericht Currypasten von Grund auf neu, sondern hat sie vielmehr fix und fertig im Vorrat. Selbstgemacht oder fertig auf dem Markt gekauft, wo sie zu dekorativen Bergen aufgetürmt, verführerisch duftend, angeboten werden (Siehe auch das Photo auf Seite 13). Deshalb hier die Rezepte für die wichtigsten Currypasten. In einem Schraubglas verschlossen halten sie sich monatelang im Kühlschrank absolut frisch. Und man hat damit die Grundlage für die vielfältigsten Gerichte. Im Handumdrehen steht ein herrliches Essen auf dem Tisch: Ein Löffel davon zum rasch angebratenen Fleisch oder Gemüse in die Pfanne, mit Kokossahne oder Brühe aufgefüllt, gewürzt mit Fischsauce oder Zitronensaft – und nach wenigen Minuten sanften Köchelns ist ein herrlicher Curry fertig. Wer hat, fugt noch ein paar frische Kräuter dazu. Dazu Reis oder auch nur ein Stück Brot. Einfacher und schneller geht's nun wirklich nicht! Deshalb ist Thai-Küche im Grunde die beste Schnellküche der Welt.

Rote Currypaste

Sie paßt zu hellem wie zu dunklem Fleisch und auch zu Fisch und Krustentieren, ist also universell einzusetzen – je nachdem, welche Farbe des Gerichts im Menü noch fehlt.

5 bis 20 getrocknete rote Chilischoten, 1 EL Koriandersamen, 1 TL Kreuzkümmel, 10 schwarze Pfefferkörner, 1 Stück Zimtstange (3 cm), 1 Stück Muskatblüte (Macis), ¼ Muskatnuß, 6 Schalotten, 10 Knoblauchzehen, 2 Stengel Zitronengras, je 2 EL feingehackter Galgant und Ingwer, 1 zentimeterbreiter Streifen Kaffir-zitronenschale, 1 TL Garnelenpaste, ½ TL Salz

Die Chilis entkernen und zehn Minuten lang in warmem Wasser einweichen. Die Gewürze in einer trockenen Pfanne so lange unter ständigem Rütteln rösten, bis sie intensiv duften. Dann mit den übrigen Zutaten im Mixer fein pürieren, dabei auch die Chilis mitmixen. Die Paste muß fest, aber streichfähig wirken. Falls sie zu trocken ist, mit dem Einweichwasser der Chilis tropfenweise verdünnen.

Grüne Currypaste

Man braucht die gleichen Zutaten wie für *rote Currypaste*, statt der getrockneten roten Chilis nimmt man jedoch frische grüne. Damit die Paste schön grün und leuchtend wird, mixt man einfach eine Handvoll Koriandergrün, Spinat- oder Chiliblätter mit.

★ Grüne Curries werden stets mit viel Kaffirblättern (in Stücke zerrissen oder in feinste Streifen geschnitten), frischen grünen Chilischoten und reichlich Basilikum garniert. Grüne Currypaste schmeckt am besten zu hellem Fleisch (vom Huhn oder vom Kalb) oder zu Meeresfrüchten wie Garnelen oder Hummerkrabben. Füllt man mit Kokossahne auf, entsteht eine unvergleichlich köstliche, cremige Sauce, die man auch als Basis für Suppen nehmen kann.

Gelbe Currypaste

Sie ist am besten für Rind- oder Schweinefleisch geeignet, paßt aber auch gut zu Lamm und Hammel. Sehr gut schmecken damit auch die verschiedenen Meeresfrüchte, von Tintenfisch bis Garnelen.

10 getrocknete rote Chilischoten,
1 EL Koriandersamen, 1 TL Kreuzkümmel,
3 Nelken, 1 Stück Zimtstange (3 cm),
1 EL gemahlener Gelbwurz (Kurkuma),
1 TL Salz, 6 Schalotten, 10 Knoblauchzehen,
2 Stengel Zitronengras,
1 EL feingehackter Ingwer

Die Chilis entkernen, in warmem Wasser einweichen. Die Gewürze inzwischen in einer trockenen Pfanne rösten, bis sie duften. Mit den Schalotten, Knoblauch, Zitronengras, Ingwer und abgetropften Chilis im Mixer zu einer glatten Paste pürieren.

★ Gelbe Curries garniert man großzügig bis verschwenderisch mit gelben Chilis, die milder als die roten oder grünen sind, mit viel Koriandergrün, chinesischem Schnittlauch und frischen Basilikumblättern.

20

Masaman-Currypaste

Hauptsächlich für Rindfleisch vorgesehen. Paßt aber auch gut zu Huhn. Sie ist würzig, nicht so scharf, sogar leicht süßlich. Als die typische Moslem-Mischung ist sie auf keinen Fall für Schweinefleisch gedacht.

10–20 getrocknete rote Chilischoten,
1 TL schwarze Pfefferkörner,
1 EL Koriandersamen, 1 TL Kreuzkümmel,
je ½ TL Muskatblüte, Muskatnuß, Nelke
und Zimt, die Kernchen von
3 Kardamomkapseln, 4 Schalotten,
8 Knoblauchzehen, 1 EL Öl,
je 2 EL gehackter Ingwer und Galgant,
2 Stengel Zitronengras,
1 Stück Kaffirzitronenschale,
4 EL Tamarinden- oder Zitronensaft,
2 EL Garnelenpaste, 50 g Palmzucker

Die entkernten Chilis in warmem Wasser einweichen. Die Gewürze in einer trockenen Pfanne rösten, bis sie duften, und auf einem Teller abkühlen. Schalotten und Knoblauch im heißen Öl andünsten, Ingwer, Galgant und die abgetropften Chilis zufügen. Mit den Gewürzen in den Mixer füllen. Zitronengras, Zitronenschale und Tamarindensaft zufügen. Die Garnelenpaste in der leeren Pfanne anrösten und zusammen mit dem Palmzucker (notfalls auch braunem Zucker) ebenfalls in den Mixer geben. Zu einer festen Paste zerkleinern.

★ Masaman-Curries werden mit Kokosmilch angesetzt und später üppig mit Basilikum garniert. Der Tamarindensaft in der Würzpaste macht sie erfrischend säuerlich. Man darf sie aber ruhig nach eigenem Gusto zusätzlich mit Zitronensaft nachwürzen.

Saucen, Dips und Würzen

Auch wenn natürlich jedes Gericht bereits in der Küche gewürzt und abgeschmeckt wird, gilt in Thailand der Tisch als nicht richtig gedeckt, wenn dort die Würzen fehlen. In den Restaurants, selbst in der einfachsten Garküche am Straßenrand, wo der Gast auf einem winzigen Hocker vor einem wackeligen Campingtisch kauert, stehen mindestens dreierlei Würzen zur Selbstbedienung bereit: Das wichtigste ist ein Schälchen mit *Nam plaa*, der allgegenwärtigen Fischsauce, mit Zitronensaft gewürzt und angereichert mit möglichst vielen winzigen, in Stücke geschnittenen Vogelaugenchilis, die für ordentliche Schärfe sorgen. Nicht nur zum Nachwürzen, sondern als landestypisches Parfum. Und tatsächlich: Duftreis, beträufelt mit einem Löffelchen *Nam plaa*, schmeckt einfach nochmal so gut. Und wenn man die Augen schließt, glaubt man, alle Düfte Asiens in der Nase zu spüren … Neben *Nam plaa*, die auch mit Schalotten oder Gemüsejulienne angereichert sein darf, gehören grob zerriebene Chilis auf den Tisch sowie eine Sauce, ein Dip oder eine Marinade, die zu den servierten Gerichten passen. Hier eine Auswahl:

Nam plaa mit Kräutern

Die einfachste Art wäre, Fischsauce mit einigen kleingeschnittenen Chilis und mit etwas Zitronensaft zu verrühren. So wird *Nam plaa* in vielen Restaurants serviert – als »Langnase«, wie wir Europäer genannt werden, bekommt man oftmals nur die pure Fischsauce, häufig sogar ohne Chilis auf den Tisch gestellt, weil es wegen der Schärfe zu oft Klagen von Touristen gab. Besser schmeckt eine Sauce, die ein wenig luxuriöser angemacht wurde. Zum Beispiel so:

Für vier Personen:

je 1 TL feingehackter Ingwer und Knoblauch, 1 Frühlingszwiebel oder Schalotte, 2–4 frische Vogelaugenchilis (oder normale Chilis), 1 kleine Möhre, 1 Zitronenblatt, ½ TL Zucker, Saft einer Zitrone, 4 EL Fischsauce (Nam plaa), 3 EL Wasser, Koriandergrün

Ingwer, Knoblauch, in feine Scheibchen geschnittene Frühlingszwiebel oder Schalotte, entkernte, kleingeschnittene Chilis, die in hauchdünne Streifen gehobelte Möhre und das haarfein zerkleinerte Zitronenblatt sowie die übrigen Zutaten in einem Schüsselchen verrühren.
Möglichst nicht lange stehen lassen, die Sauce schmeckt frisch am besten. Außerdem sieht sie so schöner aus, weil die Zitronensäure die Farbe der grünen Zutaten angreift und grau werden läßt.

Chilisauce

Nicht zu verwechseln mit der Chilisauce, die man fertig kaufen kann. Sie sieht zwar aus wie Ketchup, schmeckt aber erfreulich anders. Übrigens: In Asien-Shops werden oft verschiedene Versionen von Chilisauce angeboten: *mild* oder *medium* und *strong*. Wer die Wahl hat, sollte ruhig zur milderen Version greifen, sie hat es immer noch in

sich! Selbstgemachte Chilisauce ist natürlich mit dem Fertigprodukt nicht zu vergleichen – sie schmeckt erheblich aromatischer und duftet wunderbar. In Thailand heißt sie *Nam prik* und gehört zu den wichtigsten Tischsaucen, ohne die zum Beispiel Gemüse oder gegrillter, gebratener oder gedämpfter Fisch nicht vorstellbar sind. Wer Sinn für Schärfe hat, sollte sie unbedingt probieren. Übrigens hält sich die Chilisauce in einem gut verschlossenen Glas auch einige Tage im Kühlschrank frisch.

10 frische rote Chilis, 5 Knoblauchzehen, 5 Schalotten, 1 EL Palmzucker (oder brauner Zucker), 2 EL Fischsauce, Saft zweier Zitronen

Die entkernten Chilis mit den geschälten Knoblauchzehen und Schalotten in einer beschichteten Pfanne ohne Fettzugabe auf starkem Feuer rösten. Sie dürfen ruhig braune Stellen bekommen und sollen einen intensiven Duft entwickeln. Erst dann mit den übrigen Zutaten im Mixer zu einer dicken, aber noch cremigen Sauce mixen. Falls sie zu fest wirkt, mit einem Schuß Eiswasser verdünnen.

Chili-Dip

Eine gehaltvolle Variante der Chilisauce. Eine Würzsauce, die gut zu gebratenem Fleisch und als Dip für gegrillte Spießchen paßt. Hier wird sie mit grünen Chilis zubereitet. Man kann aber auch ebenso gut rote Schoten verwenden.

10 frische grüne Chilis, 4 Schalotten, 8 Knoblauchzehen, 1 Stück Ingwerwurzel

(ca. 3 cm lang), 1 TL Garnelenpaste (oder Sardellenpaste), 4 EL Öl, 50 g Palmzucker (oder brauner Zucker), 3 EL Fischsauce, Salz, Pfeffer

Die entkernten Chilis, geschälten Schalotten, Knoblauchzehen und Ingwerwurzel mit der Garnelenpaste im Öl kräftig anrösten. Den Zucker darin auflösen. Abkühlen und schließlich alles im Mixer mit der Fischsauce zu einer dicken Paste pürieren. Mit Salz und Pfeffer abschmecken.

Erdnußsauce

Sie wird kalt, hauptsächlich zu gegrillten Spießchen (Saté – siehe Seite 26) gegessen, paßt aber natürlich zu jeder Art von gebratenem oder gegrilltem Fleisch.

Für vier Personen:

1 EL Koriandersamen, 1 TL Kreuzkümmelsaat, 10 getrocknete Chilis, 4 Knoblauchzehen, 6 Schalotten, 1 Stengel Zitronengras, 1 Stück Ingwer (wenn möglich auch ein Stück Galgant), 4 EL Öl, 1 EL Zucker, Salz, 125 g geröstete Erdnüsse, 3 EL Kokossahne, 1 EL Fischsauce

Koriander und Kreuzkümmel in der trockenen Pfanne rösten, bis sie duften, und abkühlen. Die Chilis unterdessen in heißem Wasser einweichen. Gewürze, Chilis, Knoblauch, Schalotten, Zitronengras und Ingwer mit zwei, drei Eßlöffeln Einweichwasser im Mixer pürieren. Im heißen Öl anrösten, dabei den Zucker zufügen und salzen. Die Erdnüsse im Zerhacker zerkleinern und zur

Sauce in die Pfanne geben. Ebenso Kokossahne und Fischsauce unterrühren. Leise zehn Minuten köcheln. Wenn die Sauce dabei zu dick zu werden droht, mit einem Schuß Wasser oder Kokossahne verdünnen. Die Sauce mit zerkrümelten Erdnüssen und gerösteten Zwiebelringen garnieren. Kalt oder warm servieren.

Frische Gurken-Pickles

Auch sie passen zu Gegrilltem, werden zu Saté geschätzt, schmecken aber auch zu Fisch und Krustentieren. Außerdem dienen sie als »Feuerwehr«, wenn Schärfe den Gaumen entzündet hat. Die milden Gurken wirken kühlend und besänftigend.

Für vier Personen:

5 EL Essig, ⅛ l Wasser, 1 EL Fischsauce, 4 EL Zucker, 1 TL Salz, 1 handspannenlange, schlanke Salatgurke, 4 Schalotten, 1–2 frische rote Chilischoten, 1 Zitronenblatt, Koriandergrün

Essig, Wasser, Fischsauce, Zucker und Salz aufkochen, bis der Zucker vollständig aufgelöst ist. Erst dann die übrigen Zutaten unterrühren: dafür die Gurke ungeschält in hauchdünne Scheibchen schneiden und diese zusätzlich vierteln. Die Schalotten in feine Halbringe schneiden und die entkernte Chilischote fein würfeln. **Variante:** Im selben Sud in streichholzfeine Julienne gehobelte Möhren und Sellerie eine Minute lang aufwallen lassen. Feingeschnittenen Chili zusammen mit Zitronenblatt und Koriandergrün erst nach dem Abkühlen unterrühren.

Sojabohnensauce

Dafür braucht man gelbe eingelegte Sojabohnen, die man in der Dose kaufen kann. Die würzige, leicht süßliche, cremige Sauce ist mit Chilis geschärft. Sie paßt gut zu gebratenem Hühnerfleisch.

Für vier Personen:

½ Dose gelbe Sojabohnen mitsamt ihrer Flüssigkeit, je 1 TL gehackter Ingwer und Knoblauch, 1 rote Chilischote, 1 EL Essig, 1 EL Sojasauce, 1 gehäufter TL Zucker, Pfeffer, Salz

Alle Zutaten (die Chilischote vorher entkernen!) im Mixer zu einer dicken Sauce pürieren. Mit Zucker und Essig süß und säuerlich abschmecken.

Kokosmilch und Kokossahne

Hierbei handelt es sich nicht um die Flüssigkeit, die deutlich hörbar in der Kokosnuß schwappt, wenn man sie schüttelt. Man muß Kokosmilch und -sahne vielmehr aus frisch geraspelten Kokosflocken herstellen. Es hat übrigens wenig Sinn, dafür die trockenen Kokosflocken zu verwenden, die man in jeder Backabteilung kaufen kann. Sie ergeben eine Milch ohne viel Saft und Kraft. Ganze Kokosnüsse sind zwar kein alltägliches Angebot, aber man findet sie immer wieder in guten Gemüsegeschäften, auf Märkten, selbst in Supermärkten. Und dann sollte man zugreifen und gleich für

Vorrat sorgen. Kokossahne läßt sich wunderbar einfrieren. In Joghurtbechern hat man auch gleich die ideale Portion für einen Curry.

Zunächst muß man die Nuß mal knacken: Dafür durchbohrt man als erstes zwei der schwarzen Augen mit dem Korkenzieher und entleert die Nuß durch eine der beiden Öffnungen. Der helle Saft, das *Kokoswasser*, schmeckt eisgekühlt gut und erfrischend.

Der stabilen Schale rückt man entweder mit der Säge zuleibe, oder man klopft sie mit einigen festen Hammerschlägen auf. Das weiße Fruchtfleisch sitzt ganz schön fest an der Schaleninnenseite. Manchmal ist sogar ein Schraubenzieher oder Stechbeitel nötig, um es Stück für Stück davon abzubrechen. Die braune Außenhaut sollte man entfernen, damit die Milch schön weiß bleibt. Das geschieht am besten mit einem Kartoffelschälmesser. Das Kokosfleisch wird schließlich auf der Reibe, besser noch in der Küchenmaschine, zu feinen Flocken geraspelt. Mit kochendheißem Wasser überbrüht läßt man sie etwa zehn Minuten ziehen, bevor man sie schließlich durch ein Sieb filtert. Man rechnet auf 250 Gramm Kokosflocken ½ l Wasser. Was dabei entsteht, ist die *Kokossahne*, die man für die Rezepte in diesem Buch braucht.

Um eine *dünnere Kokosmilch* zu erhalten, kann man die Prozedur noch einmal wiederholen. Sie ist vor allem für Suppen geeignet. Die konzentrierte, cremige, intensiv duftende *dicke Kokossahne* entsteht, wenn man den ersten Aufguß eine Weile stehenläßt und das sich oben absetzende Konzentrat abschöpft.

Brühe

In Thailand wird viel mit Wasser gekocht. Suppen sind unerhört wichtig. Kaum eine Mahlzeit, wo sie nicht gereicht wird. Und zwar nicht, wie bei uns üblich, als Auftakt eines Menüs, zu Beginn, sondern als eigenständiges Gericht, von denen für eine Mahlzeit immer mindestens eins mehr serviert wird, als Gäste am Tisch sitzen.

Basis der meisten Suppen ist die Hühneroder Schweinefleischbrühe. Manchmal nimmt man auch dünne Kokosmilch, etwa den zweiten oder sogar dritten Aufguß. Schweinebrühe ist vielleicht nicht jedermanns Sache. Aber eine Hühnerbrühe um so mehr. Auf Thai-Art duftet sie natürlich wundervoll nach Asiens würzigen Gärten und ist, versteht sich, ordentlich geschärft.

Duftende Hühnerbrühe

Die Knochen, Flügelspitzen, Haut und Innereien (außer der Leber) eines guten Huhns, ein Stück Ingwer und (wenn vorhanden) Galgant, eine zerdrückte Knoblauchzehe, ein Stück Zitronengras und zwei grob zerteilte Schalotten (oder eine Zwiebel) mit Wasser großzügig bedecken. Ein Stück Sternanis und 3–5 getrocknete Chilis sowie 2 EL Fischsauce zufügen. Zugedeckt zwei bis drei Stunden auskochen, bevor die Suppe durch ein Sieb passiert und kalt gestellt wird.

Das oben erstarrte Fett läßt sich einfach abheben und zum Kochen verwenden.

Garnituren

Eierstreifen

Als goldene Streifen liegen sie auf möglichst dunklen Curries, wo sie sich besonders kontrastreich abheben. Das hat nicht nur dekorativen Zweck: milde Omelettstreifen helfen, die von der Schärfe möglicherweise angegriffene Zunge zu besänftigen.

1 Ei, Salz, 1 TL Öl

Das Ei salzen, gründlich mit einer Gabel verquirlen, in einer beschichteten Pfanne im heißen Öl auf möglichst sanftem Feuer stocken lassen. Schließlich aufrollen und in hauchfeine Streifen schneiden.

Eiernetz

Exklusive Küche verlangt nach ungewöhnlichen Garnituren. Für ein aufwendiges Buffet ist ein Eiernetz genau das Richtige. Wenn es zum Beispiel Garnelen umhüllt, sieht das einfach umwerfend aus (siehe Seite 35) und macht Eindruck. Es bedarf dabei durchaus einiger Geschicklichkeit und et-

was Übung, bis man den Bogen raus hat, aber es ist doch eigentlich viel einfacher, als es aussieht!

3 Eier, Öl

Die Eier durch ein Sieb streichen, nicht mit dem Schneebesen aufschlagen, damit keine Luft eingearbeitet wird. Eine beschichtete Pfanne heiß werden lassen, mit Öl einpinseln. Nun mit den Fingern in die Eiermasse tauchen und von ihnen herabtropfend rasch ein netzartiges Muster auf den Pfannenboden ziehen.

Das muß rasch gehen, damit die Eiermasse gleichmäßig stocken kann. Das fertige Netz vorsichtig aus der Pfanne heben und auf Küchenpapier abkühlen.

Küchentricks

In Thailand findet man sicherlich die besten Gemüseschnitzer der Welt. Es ist sogar ein eigener Beruf. In den großen Hotels und feinsten Restaurants gibt es Köche, die nichts anderes tun, als sich um die Dekorationen zu kümmern. Sie schnitzen die tollsten und raffiniertesten Bilder aus der Rinde von Kürbissen oder Melonen, aus Möhren, Gurken, Rettichen oder Zwiebeln. In ihren Händen wird eine ganz normale Chilischote zum fein gefiederten Vogel, eine plumpe Wassermelone erblüht auf einmal als riesige Kamelie und aus einer schlichten Gurke entsteht eine zarte Lilie. Je edler der Anlaß, zu dem ein Essen serviert wird, desto großartiger die Garnituren. Und die Gäste wissen das auch zu schätzen.

Natürlich versuchen Hausfrauen nicht, diesen Künstlern nachzueifern, aber auch sie verstehen es durchaus, die Platten und Schüsseln mit den verschiedenen Gerichten zu schmücken. Mit ganz einfachen Mitteln. Ein paar dieser Tricks seien hier verraten:

Frühlingszwiebel-Löckchen

Dafür das dunkle Grün der Frühlingszwiebeln quer kappen. Die einzelnen Blätter nunmehr längs mehrmals einschneiden. Läßt man nun die Zwiebeln einige Minuten in Eiswasser baden, kringeln sich die Blattspitzen lockig auf.

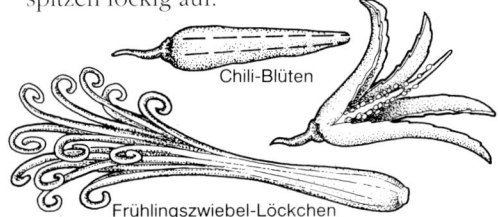

Chili-Blüten

Frühlingszwiebel-Löckchen

Chili-Blüten

Dafür braucht man möglichst gleichmäßig geformte, makellose, gerade gewachsene Chilischoten. Mit der Spitze eines kleinen Küchenmessers schlitzt man die Schoten vom Stiel her bis zur Spitze auf. Einen zusätzlich dekorativen Effekt kann man erzielen, wenn man jetzt jede Schnittseite einkerbt. Nach einem etwa zehnminütigen Bad in eiskaltem Wasser öffnet sich die Schote wie eine Blüte. Die Kerne kann man entfernen, muß aber nicht, denn sie sehen durchaus hübsch aus.

24

Ananas-Schnittmuster

Es ist ganz einfach, einer Ananas zuleibe zu rücken, wenn man weiß, wie …
1   *Zunächst quer den Blattschopf wegschneiden. Die Frucht auf diese Schnittfläche stellen. Nun mit einem großen Messer vom Stiel nach unten die dicke Schale wegschneiden.*
2   *Um die schwarz umhaarten »Augen« loszuwerden, rund um die eigene Achse der Frucht schräg einen Keil herausschneiden. Mit zwei Diagonallinien sind alle Punkte entfernt.*
3   *Jetzt auch den Stiel kappen.*
4   *Die Frucht längs halbieren, jede Hälfte nochmals längs unterteilen – je nach Größe zwei- oder sogar dreimal.*
5   *Aus jedem Segment längs den harten Herzkern flach wegschneiden. Bildschön auf einer großen Obstplatte: alle Teile wieder in ihre ursprüngliche Form zusammensetzen (notfalls mit Zahnstochern unsichtbar feststecken)*

Gewürze und Kräuter

Hier muß man nicht eigens ein besonderes Schnittmuster beachten. *Ingwer, Galgant* und *Knoblauch* werden meist »feingehackt« im Rezept verlangt. Damit sind tatsächlich winzigkleine Würfelchen gemeint. Etwa so, als ob man sie durch die Knoblauchpresse gedrückt hätte. Frischen Ingwer, der noch nicht faserig und verholzt ist, kann man übrigens tatsächlich wunderbar auf diese Weise kleinkriegen.

Blatt und *Schale* der *Kaffirzitrone* sowie *Zitronengras* werden entweder grob zerzupft verarbeitet, beziehungsweise im Stück mitgekocht oder in haarfeine Streifen geschnitten. Das geht am besten mit einem großen Messer oder Küchenbeil, das man auf seine Spitze aufstützt und auf und ab wippen läßt, während man es millimeterweise voranbewegt. Mit einem kleinen Küchenmesser gelingt das nie!

Chilis werden im ganzen mitgekocht, winzig gewürfelt, in feine Streifen geschnitten, auch grob in Stücke geteilt, wie es das Rezept gerade vorschreibt. Übrigens: In den Kernen und in den wattigen Innenwänden sitzt die unangenehme Schärfe. Es empfiehlt sich deshalb, sie sorgfältig zu entfernen. Übrig bleibt dann nur noch der aromatische Biß.

Basilikum und *Koriandergrün* hackt man besser nie: die ätherischen Öle verfliegen dabei so schnell, die Kräuter verlieren dabei viel von ihrer Würzkraft. Außerdem laufen die schönen grünen Blätter rasch dunkelbraun an, wenn ihre Zellstruktur zerstört ist. Man zerzupft sie deshalb nur grob und streut sie über das Essen.

Vorspeisen

Sie sind das Wichtigste in der Thai-Küche: Kleine Snacks, erfrischende Salate, phantasievolle Häppchen, die man oft einfach aus der Hand essen kann. Sie halten tagsüber jedermann bei Kräften und bei Laune. Denn die einzige Hauptmahlzeit wird am Abend serviert, der hier in Äquatornähe früh beginnt. Dann läßt die flirrende Hitze nach, und eine sanfte Brise schafft willkommene Abkühlung. Trotzdem wird im Laufe des Tages durchaus nicht gefastet, sondern zwischendurch immer wieder eine Kleinigkeit gegessen. Es heißt sogar, daß ein Thai die Zeit zwischen zwei Bissen am liebsten damit überbrückt, sich zu überlegen, was er als nächstes genießen kann. Und man hat tatsächlich niemals und nirgendwo Nachschubprobleme: Unzählige Straßenhändler und fliegende Köche haben entlang der Straßen ihre Freiluftküchen und Restaurants aufgeschlagen. Kaum eine Stra-

Grüne Mango mit süßwürziger Fischsauce

ßenecke, wo man sich nicht auf winzigen Höckerchen rund um einen zweirädrigen Karren kauern und einen kleinen Imbiß löffeln kann. Als Kochstelle dienen die erstaunlichsten Konstruktionen. Zum Beispiel eine große, ausgediente Konservendose, die zum Holzkohleherd umfunktioniert ist, und auf der im Wok duftige Krapfen ausgebacken werden oder Nudeln mit Gemüse herumwirbeln. Man-

che transportieren ihren Outdoor-Grill auf dem Fahrrad durch die Gegend. Andere führen ihr gesamtes »Restaurant« in zwei großen Körben mit sich, die sie, an einer Tragestange befestigt, wippend durch die Gegend schleppen. Und es ist einfach umwerfend zu sehen, wie wenig Zutaten und Handgriffe nötig sind, um wirklich im Handumdrehn eine köstliche Mahlzeit auf den »Tisch« zu bringen. Viele Häppchen, Spieße oder Päckchen sind beliebt als Imbiß zum Drink, wenn man sich mit Freunden trifft und auf ein gutes Essen einstimmt. Und innerhalb eines Menüs spielen die Salate eine große Rolle. Sie wirken erfrischend, weil sie mit viel Limonensaft, Zitronengras, Zitronenblatt und Fischsauce (Nam plaa) gewürzt werden und dadurch helfen, gehaltvollere Curries leichter verdaulich zu machen. Deshalb darf mindestens ein Salat in einem Thai-Menü nicht fehlen. Übrigens werden die einzelnen Gerichte einer Menüfolge nicht, wie bei uns üblich, nach einem streng vorgeschriebenen Ablauf nacheinander aufgetragen, sondern am liebsten miteinander auf dem Tisch versammelt. So kann sich jeder Gast nach seinem ganz persönlichen Gusto zusammenstellen, was er am liebsten mag.

Saté: Spießchen von Hähnchen- und Rindfleisch mit Erdnußsauce

•————•————•

Im ganzen südostasiatischen Raum sind diese kleinen Spießchen beliebt. Überall kann man sie im Vorübergehen frisch gegrillt kaufen. Für uns sind solche Saté-Spießchen ein herrlicher Bissen zum Aperitif, der sich überdies wunderbar vorbereiten läßt. Besonders hübsch: wenn man im Sommer seine Gäste auf der Terrasse oder im Garten begrüßt und die Spießchen ganz heiß, frisch vom Grill serviert. Man kann sie bissengroß halten, indem man das Fleisch auf Zahnstocher fädelt. Oder man nimmt die etwas größeren Bambus- oder Holzspießchen, die man in der Asienabteilung oder im Asien-Shop kaufen kann. Damit sie auf dem Grill nicht verbrennen, weicht man sie zuvor in kaltem Wasser ein.

•————•————•

Für vier Personen:

je 200 g Hähnchenbrust und Rinderlende, 50 g fetter Bauchspeck, 1 Stück Zitronengras, 2 Schalotten, 1 TL Koriandersamen, 1 cm Ingwerwurzel, 1 EL Sojasauce, 1 EL Fischsauce, ⅛ l dicke Kokossahne, ½ TL Zucker

Erdnußsauce
100 g geröstete Erdnüsse, je ½ TL Koriander- und Kreuzkümmelsamen, 3 Schalotten, 2 Knoblauchzehen, 1 Stück Zitronengras, 1 cm Ingwerwurzel, 2–3 getrocknete Chilischoten, ½ TL Garnelenpaste, 1 TL Zucker, 2 EL Fischsauce, ¼ l Kokosmilch, Salz

Die Hähnchenbrust mit der Faser, das Rindfleisch quer zur Faser in hauchdünne (3 mm) Streifen von etwa zwei bis drei Zentimetern Breite schneiden. Den Speck im Tiefkühlfach etwas anfrieren lassen, damit er sich auf dem elektrischen Allesschneider noch erheblich dünner aufschneiden läßt.
Zitronengras, Schalotten, Koriander, Ingwer, Soja- und Fischsauce sowie Kokossahne und Zucker im Mixer zur glatten Paste pürieren. Die beiden Fleischsorten und das Fett getrennt in dieser Marinade mindestens eine Stunde ziehen lassen.

Auf einem Bananenblatt angerichtet, mit einer aus einem Stück Gurke geschnitzten »Lotusblüte« garniert: Saté-Spießchen von Hähnchen- und Rindfleisch, mit Erdnußsauce

Schließlich die Streifen ziehharmonika-artig auf dünne Holzstäbchen fädeln, dabei jeweils einen Speckstreifen dazwischenpacken, der das Fleisch beim Grillen saftig hält.

Die Spießchen auf jeder Seite etwa drei bis vier Minuten auf den mit Sesamöl eingepinselten Grillstäben des Gartengrills oder unter der Grillschlange des Backofens knusprig werden lassen.

Für die Sauce die Erdnüsse mit allen oben aufgeführten Zutaten, bis auf die Kokosmilch, im Mixer zu einer dicken Creme zerkleinern. In einem Topf etwa zehn Minuten köcheln, bis die Sauce dicklich geworden ist und duftet. Wenn nötig, mit Salz abschmecken.

Außerdem gibt's dazu einen Salat aus fein gehobelten Schalotten, Gurkenscheibchen und frischen Chilis, die in Ringe geschnitten sind, angemacht mit Zitronensaft, Fischsauce und einer kräftigen Prise Zucker.

Würzige Hühnerpäckchen

(Zum Photo auf der nächsten Seite)

In Thailand nimmt man als Hülle dieser Päckchen Pandanblätter (siehe Glossar). Sie sollen das Fleisch saftig halten und ihm ihr würziges Aroma mitteilen. Sie werden vor dem Verspeisen entfernt, also nicht mitgegessen. Hierzulande muß man sich behelfen: man kann auch ruhig eßbare Blätter verwenden, zum Beispiel vom Weißkohl, Chinakohl oder Wirsing. In diesem Fall kann man die Hühnerpäckchen auch dämpfen, statt sie zu braten. Oder, was ebenso hübsch aussieht wie wunderbar schmeckt, sie in Reispapier oder fertig käufliche Teighüllen für Frühlingsrollen wickeln und dann in Öl schwimmend knusprig ausbacken.

•⎯⎯⎯⎯•⎯⎯⎯⎯•

Für vier Personen:

*2 Knoblauchzehen, 2 Schalotten,
1 cm Ingwerwurzel, 2 cm Zitronengras,
je 1 EL Fisch- und Sojasauce,
½ TL Zucker, 5 Pfefferkörner, 2 EL fertige
Chilisauce, ⅛ dicke Kokossahne, Salz,
300 g ausgelöstes Hähnchenfleisch,
Kohl-, Teig- oder Reisblätter zum Einwickeln, Öl zum Fritieren, Zitronensaft*

Für die Marinade Knoblauch, Schalotten, Ingwer, Zitronengras mit Fisch- und Sojasauce, Zucker, zerdrückten Pfefferkörnern, Chilisauce und Kokossahne im Mixer glatt pürieren. Mit Salz abschmecken. Das Fleisch kleinwürfeln und mit der Marinade gründlich vermischt mindestens eine Stunde ziehen lassen.
Einen Eßlöffel voll Hühnerfleischwürfel jeweils in ein blanchiertes Kohl- oder eingeweichtes Reisblatt (siehe auch Seite 126) wickeln. Entweder 5 bis 8 Minuten dämpfen oder in heißem Öl goldbraun ausbacken.

28

Wahre Verpackungskünstler sind hier am Werk. In den bildschönen Päckchen, die überall auf den Märkten angeboten werden, verbirgt sich natürlich immer ein Leckerbissen. Er kann übrigens ebensogut süß wie salzig sein. In Thailand liebt man Süßigkeiten beileibe nicht nur zum Dessert, sondern auch als Imbiß für den kleinen Hunger zwischendurch

Die übrige Marinade in einem Töpfchen cremig dick einkochen und mit Zitronensaft würzen. Als Dip zu den Hühnerpäckchen servieren, die man jetzt natürlich mitsamt der Hülle verspeisen kann.

29

Gedämpfte, würzige Fischmousse

In Thailand hat man für dieses Gericht eine Tonplatte, die wie ein Pochspiel kleine Höhlungen aufweist. Dort hinein füllt man die gut gewürzte Masse aus püriertem Fisch, Kokossahne und Ei, setzt auf jedes Häufchen ein tönernes Hütchen und läßt sie in heißem Dampf garen. Natürlich kann man das Rezept auch ohne dieses Gerät ausprobieren: Aus Alufolie kleine Schälchen formen oder einfach Backförmchen aus Papier verwenden, wie man sie überall kaufen kann.

Für vier Personen:

1 EL rote Currypaste (Rezept Seite 19), 3 EL dicke Kokossahne, 1 EL Fischsauce, 2 Eier, Salz, Pfeffer, Zucker, 400 g Fischfilet (zum Beispiel Kabeljau oder Schellfisch), 2 Zitronenblätter, Koriandergrün

Currypaste, Kokossahne und Fischsauce gründlich verrühren, mit den Eiern verquirlen, salzen, pfeffern und mit Zucker würzen. Das Fischfilet in kleine Würfel

Oben: Würzige Fischmousse, auf der Spezialplatte unter den tönernen Deckeln vorsichtig gedämpft
Unten: Kokosküchlein, bildschön auf dem Bananenblatt angerichtet. Wer fragt da nach einem Teller!

Paarweise zusammengeklappt lassen sich die Küchlein bequem transportieren

Statt der gußeisernen Spezial-Bratplatte tut es auch eine Schneckenpfanne aus Metall

schneiden und mit der Masse mischen. Die Zitronenblätter fein hacken und mit einigen zerzupften Korianderblättern unterrühren. Diese Masse in die vorbereiteten Alu- oder Papierförmchen verteilen. Auf eine ausreichend große Platte oder direkt in einen Dampftopf setzen. 25 bis 30 Minuten in sanftem Dampf garen. Mit dem restlichen Koriandergrün bestreut servieren.

Kokosküchlein

Sie bestehen aus Reismehl und Kokossahne, werden ziemlich stark gesüßt und trotzdem mit Schnittlauch, gerösteten Zwiebeln oder geriebener Möhre garniert. Sie gehören ebenfalls zum geradezu unerschöpflichen Repertoire der einfallsreichen Straßenküche. Überall werden sie angeboten, in den schwarzen gußeisernen Spezialpfannen frisch gebacken und warm, im rasch gefalteten Bananenblattschälchen serviert. Natürlich müssen wir uns hier wieder mal behelfen. Statt der speziellen Bratplatte könnte man Schneckenpfännchen aus Metall verwenden, deren Höhlungen genau die richtige Größe haben. Die Küchlein schmecken unwiderstehlich, auch wenn zunächst die Verbindung zwischen süß und herzhaft verblüfft. Im »Orien-tal«-Hotel in Bangkok dürfen sie jedenfalls nie beim Cocktailempfang des General Managers fehlen.

Für vier Personen:

4 EL zerstoßener Palmzucker oder brauner Zucker, ¼ l dicke Kokossahne, 100 g Reismehl, Schnittlauch

Zucker, Kokossahne und Reismehl gründlich miteinander verquirlen. In die Rundungen von Schneckenpfännchen verteilen. Auf starkem Feuer braten, bis der Kokosteig an seiner Unterseite sanft gebräunt und oben gerade eben fest geworden ist. Mit Schnittlauch bestreuen.

31

Gefüllter Bambus

Ein Rezept aus der feinen, der königlichen Thai-Küche, so wie sie zum Beispiel im Sala-Rim-Naam-Restaurant vom »Oriental«-Hotel in Bangkok gepflegt wird. Man braucht dafür pro Person ein Stück Bambus, etwa 20 Zentimeter lang und 3–4 Zentimeter stark. Es wird mit einem scharfen Messer längs halbiert und gründlich ausgewaschen, bevor man es mit folgender Farce füllt:

Für vier Personen:

500 g Miesmuscheln, Salz, je
100 g gegartes Krebs- und Fischfleisch,
1 Zitronenblatt, einige Basilikumblätter,
1 EL rote Currypaste, 1 EL Palmzucker,
4 Eier, Salz, Pfeffer, 2 EL Fischsauce, ⅛ l
dicke Kokossahne, grüne, rote oder gelbe
Chilis und Zitronenblatt zum Garnieren

Süße Pflaumensauce
250 g gelbe reife Pflaumen oder
Reineclauden, 1 cm Ingwerwurzel,
1 kleine Knoblauchzehe,
3 EL Palmzucker, 2 EL Fischsauce,
1 Messerspitze Garnelenpaste,
1 rote Chilischote

Die gründlich abgebürsteten Muscheln in etwas Salzwasser zugedeckt fünf Minuten köcheln. Muscheln, die sich nicht geöffnet haben, wegwerfen. Die übrigen aus der Schale lösen. Sie abkühlen lassen, dann mit dem Krebs- und Fischfleisch durch den Fleischwolf drehen. Mit dem sehr fein geschnittenen Zitronenblatt und gehacktem Basilikum, Currypaste, Zucker und den miteinander aufgeschlagenen Eiern mischen. Mit Salz, Pfeffer und Fischsauce würzen. Zum Schluß die Kokossahne unterschlagen, jedoch zwei bis drei Eßlöffel davon beiseite stellen und aufbewahren.

Diese Masse in die vorbereiteten Bambusstücke verteilen und mit der restlichen Kokossahne einstreichen. Die Muschelfarce mit Alufolie abdecken und im Backofen bei 160 Grad 20 Minuten stokken lassen. Die Folie schließlich abnehmen, die Bambusstücke noch für einige Minuten unter den Grill setzen, bis die Farce fest geworden und ihre Oberfläche sanft gebräunt ist.

Wer keinen Bambus zur Hand hat, füllt die Farce in blanchierte Salat-, Mangold- oder Wirsingblätter, auch die Blätter von roter Bete und Kohlrabi sind geeignet, weil sie würzig schmecken und gut ihre Form behalten. Mit solchen eßbaren Blättern als Hülle kann man die Päckchen

Im Sala Rim Naam, dem eleganten Thai-Restaurant des »Oriental« in Bangkok, werden *Gefüllter Bambus* und *Goldene Nudelbällchen* auf einem Messingteller serviert, der mit einem akkurat zurechtgeschnittenen Bananenblatt ausgelegt ist. Dazu gibt es fertige Chilisauce und eine süße Pflaumensauce

auch dämpfen. Das ist schonender und läßt ihre Farbe schön leuchten.

Für die süße Pflaumensauce das entsteinte Obst mit dem sehr fein gehackten Ingwer und Knoblauch sowie dem Zucker und einer halben Tasse Wasser so lange köcheln, bis die Früchte völlig zerfallen sind. Dabei mit Fischsauce und Garnelenpaste würzen. Die entkernte Chilischote erst zum Schluß feingeschnitten unterrühren. Die Sauce paßt auch zu fritierten und gegrillten Häppchen – zum Beispiel zu den Frühlingsrollen, Garnelenscheren usw. (Rezepte Seite 38/39).

Goldene Nudelbällchen mit Schweinefleischfüllung

.———.———.

Man braucht durchaus Geduld dafür, wenn die Hackfleischbällchen ebenso akkurat mit Nudeln eingewickelt sein sollen, wie auf dem Photo. Aber die Mühe lohnt sich. Die knusprigen Bällchen sind ein wahrlich nicht alltägliches Häppchen zum Aperitif.

.———.———.

Für sechs bis acht Personen:

350 g Schweinefleisch (Halsgrat oder durchwachsene Schulter),
je 1 EL gehackte Korianderwurzel und
Knoblauch, Salz, Pfeffer, Zucker, 1 Ei,

*1 EL Mehl, je 2 EL feingehackte
Wasserkastanien, Bambussprossen,
Schalotte und eingeweichte Tongu-Pilze,
ca. 50 g dünne chinesische Eiernudeln,
Öl zum Ausbacken*

Das Fleisch durch den Wolf drehen. Mit Korianderwurzel, Knoblauch, Salz, Pfeffer, Zucker, dem Ei, Mehl und den gehackten Gemüsen gründlich durchkneten. Aus diesem Teig kirschgroße Bällchen formen.

Damit die Nudeln sich formen lassen, sie für ein paar Sekunden in heißes Wasser werfen, entwirren und sofort wieder kalt abschrecken. Abtropfen lassen und mit etwas Öl besprenkeln – so kleben sie nicht mehr aneinander.

Jetzt beginnt das Geduldspiel: Je zwei bis drei Nudeln gleicher Länge fassen, parallel auf ein Fleischbällchen legen, dabei die Enden in den Teig hineindrücken. Sorgfältig wie ein Wollknäuel aufwickeln, dabei darauf achten, daß die Fäden stets nebeneinander zu liegen kommen und daß nirgendwo mehr Fleischfüllung sichtbar bleibt.

Die eingewickelten Bällchen in heißem Öl schwimmend goldbraun ausbacken. Auf Küchenpapier abtropfen lassen, bevor sie serviert werden. Am besten mit einer fertig gekauften Chilisauce, mit Sojasauce, die mit geriebenem Ingwer gewürzt ist, oder einem Chili-Dip (Rezept Seite 21) servieren.

34

Gefüllte Riesengarnelen im Spitzenhemd

Eine Vorspeise, der man bereits ansieht, daß sie viel Arbeit macht. Sie wird auch in Thailand nur zu ganz besonderen Anlässen und in exklusiven Häusern serviert. Das Spitzenhemd besteht aus verquirltem Ei, das zu »klöppeln« gar nicht

Kühl, ruhig und traumhaft schön: die Halle im alten, viktorianischen Teil des »Oriental«-Hotels in Bangkok

so schwierig ist, wie man glauben möchte. Ein bißchen Übung und eine beschichtete Pfanne – mehr braucht es nicht dazu. (Wie man es genau macht, steht auf Seite 23). Die damit umwirkten Garnelen sind für ein festliches Buffet ideal: Man kann sie gut vorbereiten – sie werden kalt serviert.

Für sechs bis acht Personen:

20 rohe Garnelen (ohne Kopf, tiefgekühlte müssen möglichst schonend, also langsam aufgetaut sein), 150 g Hähnchenfleisch, 50 g ungeräucherter Rückenspeck, 1 cm Ingwerwurzel, ½ TL Koriandersamen, je 1 TL Fisch- und Sojasauce, 2 frische rote Chilischoten, Koriandergrün, 2–3 EL Chiliöl, 1 Eiernetz (Rezept Seite 23)

Süßer Chili-Dip
4 Schalotten, 6 Knoblauchzehen, 8 frische rote Chilischoten, 2 EL Garnelenpaste, 4 EL Öl, 50 g Palmzucker, 2 EL Fischsauce

Drei Garnelen schälen und für die Füllung verwenden. Die restlichen so vorsichtig schälen, daß die Schale der Schwanzspitze unversehrt bleibt. Die Garnelenschwänze am Rücken längs so tief aufschlitzen, daß sie gerade eben nicht durchtrennt werden. Den schwarzen Darm, der dadurch freigelegt wird, entfernen. Die Garnelen waschen und gut mit Küchenpapier abtrocknen.

Wirken eindrucksvoll und schmecken herrlich: Gefüllte Riesengarnelen im Spitzenhemd

Beim Straßenkoch in der Pfanne rasch gebraten: Spinatküchlein zum Essen aus der Hand.
Auch in Rosa, mit Speisefarbe eingefärbt

Spinatküchlein

Sie werden zunächst gedämpft und können dann entweder sofort gegessen oder später bei Bedarf in der Pfanne in heißem Öl wieder aufgebraten werden. So kann man sie bei vielen Straßenköchen probieren.

Für vier bis sechs Personen:

Teig
250 g Reismehl, 2 EL Tapiokamehl, 1 EL Weizenmehl, 2 EL Klebereismehl (oder im Mixer pulverfein zerkleinerter Klebereis), 2 EL Öl, 350 ml Wasser

Füllung
750 g Spinat, Salz, 2 Schalotten, 2 Knoblauchzehen, 1 cm Ingwerwurzel, 1 EL Sesamöl, 2 EL Fischsauce

Für die Füllung die vier beiseite gelegten Garnelen ebenfalls entdärmen. Mit dem Hühnerfleisch und Speck, sowie Ingwer, Koriander, Fisch- und Sojasauce, einem Stückchen Chilischote und Koriandergrün im elektrischen Zerhacker zur Farce mixen.

Diese Füllung auf den auseinandergeklappten Garnelenschwänzen verteilen, sie wieder in ihre Form zusammendrükken und mit feinen Streifen von Chili und Korianderblättern schmücken. Im heißen Chiliöl sanft braten. Abgekühlt in die Eiernetze hüllen und auf einer mit Salatblättern ausgelegten Platte hübsch anrichten.

Für den süßen Chili-Dip die Schalotten, Knoblauch und entkernten Chilis grob hacken und in der Hälfte des Öls anbraten. Im Mörser oder im Mixer zu einer Paste zerkleinern, dabei den Zucker und die Fischsauce zufügen. Dieses Püree im verbliebenen Öl nochmals braten, bis es intensiv duftet.

Vom Reismehl zwei EL zurückbehalten und mit dem Tapiokamehl mischen. Die restlichen Zutaten für den Teig in einen Topf füllen und unter Rühren kochen, bis ein dicker Kloß daraus geworden ist. Aus dem Topf nehmen, etwas abkühlen und mit der Reismehl-Tapiokamischung bestäuben. Gründlich durchkneten und unter einem feuchten Tuch ruhen lassen.

Für die Füllung den Spinat verlesen, entstielen und für ein paar Sekunden in kochendes Salzwasser werfen. Sofort abgießen und in eiskaltem Wasser abschrekken. Sehr gut ausdrücken und mit den übrigen im Mörser oder Mixer zu einer Paste zerkleinerten Zutaten mischen. Mit Salz abschmecken.

Vom Teig tischtennisballgroße Bällchen abnehmen, sie auf der Arbeitsfläche mit dem Handballen flachdrücken (man kann natürlich auch ein Nudelholz zu Hilfe nehmen). In die Mitte einen Löffel Spinatfüllung häufen. Den Teig darüber zusammenschlagen, rundum gut zusammendrücken, damit nirgendwo Spinat herausquellen kann. Die Küchlein flachdrücken und zehn Minuten dämpfen.

Die Essensvorbereitungen finden draußen statt. Auch die Kinder helfen selbstverständlich mit

Kleine Stärkung beim Einkaufen auf dem Markt: Zwiebeltaschen, mit Sojasauce gewürzt

Zwiebeltaschen

Eine der unzähligen Varianten zu diesem Thema, von denen es mindestens so viele gibt wie fliegende Händler oder Köche auf Thailands Straßen:

Statt Spinat werden für die Füllung Frühlingszwiebeln verwendet. Man kann jedoch auch jedes andere Gemüse verarbeiten und es auch mit gehacktem oder durchgedrehtem Fleisch oder Fisch mischen. Wichtig: Das Gemüse nach dem Blanchieren stets gut ausdrücken, damit die Füllung den Teig nicht aufweicht.

Frühlingsröllchen

Thailändische Frühlingsröllchen unterscheiden sich nicht wesentlich von chinesischen (die allerdings nichts mit jenen indonesischen zu tun haben, die hierzulande in Chinarestaurants angeboten werden). Als Teighülle nimmt man entweder Reispapier oder speziell dafür gedachte Frühlingsrollenhüllen, die man auch manchmal als Pâte à brick in arabischen Geschäften finden kann (siehe auch Seiten 125 und 126).

Für ca. 30 daumenkurze Röllchen:

30 Blatt Reispapier (Ø 18 cm),
4 Tongupilze, 100 g Glasnudeln,
200 g Schweinefleisch (aus der Keule),
1 TL Stärke, 4 EL Sherry, je 1 TL gehackter
Ingwer und Knoblauch, 2 EL Öl,
1 EL Sesamöl, 2 Frühlingszwiebeln (mit
Grün quer in dünne Scheiben
geschnitten), 2 Chilischoten (entkernt
und gehackt), eine Handvoll
Spinatblätter (in Streifen), ½ TL Zucker,
Salz, Pfeffer, 2 EL Fischsauce, 3 EL Sherry

Die Reispapierblätter nebeneinander auf der Arbeitsfläche auslegen, mit Wasser einsprühen und einweichen, bis sie nicht mehr transparent, sondern weiß-opak wirken. Die Tongu-Pilze und Glasnudeln mit kochendem Wasser überbrühen und ebenfalls einweichen.

Das Fleisch quer in feine Scheiben, diese längs in dünne Streifen schneiden, mit Stärke einreiben und mit Sherry tränken. Knoblauch und Ingwer im heißen Öl anbraten, das Fleisch zufügen und rasch eine Minute braten. Pilze, Glasnudeln, Frühlingszwiebeln, Chilis und Spinat zufügen. Auf starkem Feuer mischen, mit den übrigen Zutaten würzen. Schließlich abkühlen lassen.

Jeweils einen guten Eßlöffel davon auf eine Hälfte der Reisblätter setzen, sie darüber zusammenschlagen und aufrollen. Dabei darauf achten, daß nichts herausquellen kann.

Die Röllchen schwimmend in heißem Öl goldbraun fritieren. Auf Salatblättern mit *Nam plaa* (siehe Seite 20) servieren.

Gebackene Krebsscheren

Rohe Taschenkrebsscheren kann man in Asienläden tiefgekühlt kaufen.

Für vier bis sechs Personen:

20 kleine Taschenkrebsscheren.

(Von links im Uhrzeigersinn:) Frühlingsröllchen, gebackene Krebsscheren und Garnelen auf Zuckerrohr. Dazu Salatblätter, reichlich Kräuter und natürlich!, *Nam plaa,* gewürzte Fischsauce

Garnelenfarce
*300 g rohes Garnelenfleisch,
50 g Bambussprossen, 50 g fetter
ungeräucherter Speck, Salz, ½ TL Zucker,
½ TL Speisestärke, 1 TL Sesamöl,
1 TL Sojasauce*

Die Krebsscheren langsam auftauen, die
Schale so weit entfernen, daß nur noch
die Spitze übrigbleibt.
Für die Füllung das Garnelenfleisch, die
Bambussprossen und den Speck im Zerhacker ganz kurz mixen. Mit Salz, Zucker,
Stärke, Sesamöl und Sojasauce mischen.
Diese Farce um das freigelegte Krebs-
scherenfleisch wickeln und in Form fest-
drücken. Es bleibt ohne weiteres daran
haften. Die Krebsscheren in heißem Öl
sanft bräunend ausbacken.

Garnelen auf Zuckerrohr

Manchmal gibt es in gut sortierten Fein-
kostläden Zuckerrohr zu kaufen. So verarbeitet schmeckt es umwerfend: Das
Rohr in 10 cm lange Stücke schneiden
und schälen. Die Garnelenfarce wie
oben beschrieben zubereiten und als
zentimeterdicke Schicht rund um das geschälte Zuckerrohr drücken. In heißem
Öl in der Pfanne braten.
Gegessen wird aus der Hand: einfach wie
einen Maiskolben rundum abnagen.

Gedämpfte Reismehltäschchen

(Auf dem großen Photo links.)

·————·

Der fast flüssige Teig aus Reismehl läßt sich am besten auf einem Tuch garen, das über einen Topf gespannt ist, in dem Wasser kocht. Einen Eßlöffel Teig auf das feuchte Tuch kreisrund verstreichen. Im aufsteigenden Dampf ist die Teighülle in wenigen Sekunden gar. Je einen Teelöffel Füllung in die Mitte setzen, den Teig darüber zusammenschlagen – fertig.

·————·

Ob in der Stadt oder auf dem Land: Abends herrscht auf den Märkten fröhlicher Trubel. Es wird vorwiegend gegessen, weniger eingekauft. Am liebsten kleine Häppchen aus der Hand, würzige, häufig auch gesüßte Leckerbissen. Die Luft ist voll der unterschiedlichsten Düfte, und der Lärm ist gewaltig

Für sechs bis acht Personen:

Teig
125 g Reismehl, 2 EL Tapiokamehl, 225 ml Wasser

Füllung
4 Knoblauchzehen, 1 EL feingehackte Korianderwurzel, 5 zerstoßene Pfefferkörner, 2 EL Öl, 1 Zwiebel,

40

Schweinebällchen im Tapiokamantel

(Auf dem großen Photo rechts.)

———•———

Die Füllung für diese Bällchen ist die gleiche wie für die »Gedämpften Reismehltäschchen«.
Von der Füllung Bällchen formen, sie in der Handfläche mit Wasser anfeuchten und in Tapiokamehl wälzen, bis ein sichtbarer Film entstanden ist. Die Bällchen 15 Minuten dämpfen. Mit geröstetem Knoblauch beprenkelt servieren. Dazu paßt ein süßer Chili-Dip (Seite 21) oder süß-würzige Fischsauce (Seite 20).

———•———

Salate

Grundlage kann nahezu alles sein: Fisch und Meeresfrüchte jeglicher Art, genauso aber auch Fleisch. Immer ganz frisch gegart, kurz gekocht, gebraten oder gegrillt, also eben noch warm, weil dann die Salatmarinade noch besser eindringen und wirken kann. Sie besteht aus viel Zitronensaft, Fischsauce und, so sie vorhanden sind, jeder Menge frischer Kräuter. Stets wird auf Salatblättern angerichtet, die nicht nur Garnierung sind, sondern mitgegessen werden.

75 g geraspelte Petersilienwurzel,
300 g durchgedrehtes Schweinefleisch,
1 EL Fischsauce, 3 TL Palmzucker,
2 EL zerdrückte Erdnüsse,
Korianderblätter

Die Zutaten für den Teig zusammenquirlen und ihn wie links oben beschrieben zubereiten.

Für die Füllung durchgepreßten Knoblauch und Korianderwurzel mit dem Pfeffer im Öl andünsten, Zwiebel und Petersilienwurzel zufügen. Schließlich das Hackfleisch mitbraten. Mit Fischsauce und Zucker würzen. Zum Schluß die Erdnüsse unterrühren und alles einige Minuten schmoren, bis der Zucker regelrecht karamelisiert ist.

Erfrischend und leicht mit sanfter Schärfe:
Garnelensalat mit Tomaten

Garnelensalat mit Tomaten

• ————— • ————— •

Hierfür bitte keine gekochten Garnelen kaufen, sondern frische oder roh eingefrorene. Der Kopf kann ruhig bereits entfernt sein.

• ————— • ————— •

Für vier Personen:

400 g Garnelenschwänze, Salz,
3–4 Frühlingszwiebeln, 1 mittelgroße
weiße Zwiebel, 1 reife Tomate,
je 1 cm frische Galgant- (Laos) und
Ingwerwurzel, 1 Stück Zitronengras (ca.
5 cm), 1 Knoblauchzehe, 1 getrocknete
Chilischote, Saft von 1–2 Zitronen,
1–2 EL Fischsauce, Pfeffer, Zucker,
Salatblätter

Die Schwanzspitzen an den Garnelen dranlassen, sie ansonsten schälen, längs halbieren und ihren Darm entfernen. Die Garnelen für eine Minute in kochendes Salzwasser geben. Neben dem Feuer ziehen lassen. Inzwischen die Frühlingszwiebel in etwa zentimetergroße Ringe schneiden. Die weiße Zwiebel hacken. Die geschälte und entkernte Tomate würfeln. Galgant, Ingwer, Zitronengras und Knoblauch sehr fein hacken. Die entkernte Chilischote zerkrümeln. Alles mischen und mit Zitronensaft, Fischsauce und Pfeffer anmachen. Auf Salatblättern anrichten und noch lauwarm servieren.

Salatvariation mit Kalmar: mit Schnittlauch und Koriandergrün

Tintenfischsalat

• ————— • ————— •

Unter der Bezeichnung Kalmar wird diese Art von Tintenfisch bei uns angeboten. Man sollte am besten kleine Exemplare aussuchen, die noch kurze Fangarme haben – die im übrigen besonders gut schmecken.

• ————— • ————— •

Für vier Personen:

500 g Kalmare, Salz,
2 Frühlingszwiebeln, 2 Zwiebeln,
1 feste Fleischtomate, 2–3 Selleriestengel,
1 cm Ingwerwurzel, 1 grüne Chilischote,
5 cm Zitronengras, Pfeffer, Zucker,
Saft von 1–2 Zitronen, 2 EL Fischsauce,
Schnittlauch, Korianderblätter

Die Kalmare, wenn nötig, häuten – die Haut läßt sich ganz einfach unter fließendem Wasser abziehen. Die Fangarme packen und vorsichtig aus dem Körperbeutel ziehen. Direkt oberhalb der Augen abschneiden und diese samt den Innereien wegwerfen. Den Körperbeutel gründlich auswaschen, wenn vorhanden den steifen Kern herausziehen und ebenfalls wegwerfen. Den Beutel schließlich quer in Streifen schneiden. Zusammen mit den Fangarmen für eine kurze Minute in kochendes Salzwasser geben und neben dem Feuer ziehen lassen.

Inzwischen die Frühlingszwiebeln in Ringe, die Zwiebeln in Halbringe schneiden. Die gehäuteten und entkernten Tomaten würfeln. Die Sellerieblätter nur grob zerteilen. Ingwer, Chili und Zitronengras fein schneiden. Alles mischen, mit Zitronensaft und Fischsauce anmachen. Mit Salz, Pfeffer und Zucker abschmecken. Zum Schluß Schnittlauch und Koriander darüberstreuen und auf Salatblättern anrichten.

Salat aus gehacktem Hühnerfleisch

Auch dies ist eine Art Grundrezept, nach dem aus jeglichem rasch gebratenen Fleisch ein erfrischender Salat entsteht. Das kann Hühner- oder Entenfleisch sein (den mit Abstand allerbesten Entensalat bereitet übrigens *Nitaya* in ihrem gleichnamigen Restaurant – nein, nicht in Thailand, sondern in München zu), aber auch Fleisch vom Rind, Schwein oder Kalb. Stets Filet oder Lende verwenden, also kurz zu bratendes Fleisch.

Grundregel: Das Fleisch wird vor dem Zerkleinern gebraten. Als ganze Entenoder Hühnerbrust oder als Steak am Stück. Und zwar so sanft, daß es zwar gar, aber nicht »durch« ist. Es sollte innen noch rosa und saftig sein, darf auf keinen Fall trocken werden. Natürlich gelten für die verschiedenen Fleischsorten unterschiedliche Garzeiten: Rindfleisch darf noch etwas blutig sein, Geflügel- und Schweinefleisch sollte etwas stärker durchgebraten werden. In jedem Fall muß das Fleisch für den Salat frisch aus der Pfanne kommen, also noch warm sein. Dann wird es mit dem großen Küchenbeil sehr fein gehackt. Wem das nicht so leicht von der Hand geht, der kann das Fleisch nach dem Anbraten auch durch den Wolf drehen – alle übrigen Zutaten allerdings sollte man tatsächlich von Hand fein schneiden oder so klein wie möglich hacken, damit man beim Salat auch was zu beißen hat. Sie werden zusammen mit dem Zitronensaft und der Fischsauce unter das durchgedrehte Fleisch gemischt.

Typisch für diese Fleischsalate ist ohnehin ein gewisser »Biß«. Wie Krümel fühlt sich das im Mund an, ohne daß man schmecken kann, woher sie stammen. Des Rätsels Lösung: Rohe Reiskörner, die im Mörser oder Mixer auf Grießgröße zerstoßen und dann in der trockenen Pfanne sanft golden geröstet wurden. Man kann das auf Vorrat erledigen und den Reisgrieß in einem gut verschlossenen Behältnis aufbewahren, damit man ihn immer zur Hand hat. Denn ohne ihn sind diese Salate nur das halbe Vergnügen.

•————•————•

Für vier Personen:

3 ausgelöste Hühnerbrüste (ca. 350 g),
je 1 EL Erdnuß- und Sesamöl,
Salz, Pfeffer, 1 mittelgroße weiße
Zwiebel oder 2 Schalotten,
4 cm Zitronengras, 3 Frühlingszwiebeln,
1–2 frische grüne Chilischoten,
1–2 EL Fischsauce,
4 EL Zitronensaft, 1 TL Sojasauce,
½ TL Zucker, 2 EL Reisgrieß
(wie oben beschrieben)

Das Fleisch in einer Mischung aus den beiden Ölsorten kräftig anbraten, dann salzen und pfeffern und neben dem Feuer noch einige Minuten ziehen lassen, damit es schön rosa und saftig bleibt. Inzwischen die Zwiebel oder Schalotten fein hacken. Zitronengras und Frühlingszwiebeln in feine Ringe schneiden. Die entkernte(n) Chilischoten(n) winzig würfeln. Das Fleisch durch den Wolf drehen oder mit dem Messer fein zerkleinern. Al-

les auf einem großen Arbeitsbrett mit einem Küchenbeil oder langschneidigen Messer hackend gründlich miteinander mischen, dabei Zitronensaft, Fisch- und Sojasauce sowie den aus dem Fleisch ausgetretenen Saft untermengen. Den säuerlich-frischen Salat mit Salz, Pfeffer und Zucker kräftig abschmecken.

Nach Belieben und Vorrat noch jede Menge frische Kräuter untermischen: Koriander, chinesischen Schnittlauch, Basilikum oder Minze.

45

Salat aus Schweinefleisch mit Erdnüssen

Ein etwas gehaltvollerer Salat. Er stammt aus dem Norden Thailands, wo man insgesamt etwas schwerer ißt und vor allem fettes Schweinefleisch schätzt. Eine besondere Delikatesse: Schweinehaut. Sowohl krachend knusprig gebacken, wie wir das vom Schweinebraten kennen, aber auch gesotten. Wobei das eigentliche Vergnügen weniger im Geschmack als in der Konsistenz der Schwarte liegt. Bei der knusprigen Version können wir das mühelos nachempfinden, wohingegen die in der Originalversion nur bis zur gummiartigen Konsistenz und nicht schmelzend weich gekochte Schwarte unter Umständen nicht jedermanns Geschmack ist.

Für vier Personen:

*6–8 kleine getrocknete Chilis, 2 EL Öl,
1 TL Sesamöl, 200 g durchgedrehtes,
mageres Schweinefleisch, Salz,
100 g frische (also nicht geräucherte)
gekochte Schweineschwarte,
2 Knoblauchzehen, 5 cm junger Ingwer,
1 weiße Zwiebel, 3 Frühlingszwiebeln,
je 1 rote und grüne frische Chilischote,
3 EL Zitronensaft, 2 EL Fischsauce,
Salatblätter, 3–4 EL Erdnüsse*

Im heißen Öl die getrockneten Chilis kurz braten, herausnehmen und beiseite stellen. Das Fleisch im solchermaßen gewürzten Öl auf starkem Feuer krümelig braten, dabei salzen. Vom Feuer ziehen. Die in feinste Streifen geschnittene Schwarte untermischen. Den durch die Presse gedrückten Knoblauch, den ebenfalls in ganz feine Streifen geschnittenen jungen Ingwer, die gehackte Zwiebel, in Ringe geschnittenen Frühlingszwiebeln und entkernten, grob zerkleinerten Chili zufügen. Den Salat mit Zitronensaft und Fischsauce anmachen und mit Salz und Pfeffer abschmecken. Auf den Blättern anrichten. Die Erdnüsse und die gerösteten Chilis darüberstreuen. Diese sind übrigens jetzt, nachdem sie gebraten wurden, längst nicht mehr so scharf und können von schärfegewohnten Genießern durchaus mitgegessen werden. Man darf sie jedoch auch ruhig auf dem Tellerrand beiseite legen, ohne daß jemand scheel schaut.

Hoch im Norden Thailands, in den unwegsamen Bergen nahe der Grenze zu Burma und Laos, ist das sogenannte Goldene Dreieck, das seine traurige Bekanntheit dem Mohn verdankt, aus dem Heroin hergestellt wird. Hier leben noch verschiedene Bergvölker fast wie vor hundert Jahren. Die Meo sind berühmt für ihre schönen Silberarbeiten, wie der Halsreif der Frau auf dem Photo zeigt

Salat aus grüner Mango

Niemand kann es in Thailand in Ruhe abwarten, bis die beklagenswert kurze Mango-Saison beginnt. Die Mango gilt als die Königin der Früchte. Anfang April werden noch Höchstpreise für die raren, reifen Früchte mit dem leuchtend orangenfarbenen, butterzarten Fleisch bezahlt. Und Ende Mai ist die Zeit des Überflusses schon wieder vorbei. Vielleicht haben wir es einem besonders ungeduldigen Mango-Fan zu verdanken, daß eines Tages auch der Reiz der unreifen Früchte entdeckt wurde. Sie sind dann knackig wie Äpfel (die im übrigen auch gut als Ersatz genommen werden können) und von erfrischender Säure. Und sie schmecken wirklich köstlich, fein geraspelt oder in Streifen geschnitten als Salat. Übrigens: Die Mango sollte nicht allzu lange in Ihrem Vorrat darauf warten, verarbeitet zu werden. Sie reift nämlich nach und verliert dabei sowohl ihre Säure als auch die knackige Konsistenz.

Für zwei Personen:

1 unreife, grüne Mango, 1 TL Palmzucker, 4 EL Brühe, 1 EL Fischsauce, 2–3 frische Chilischoten, 1 Stück Ingwer (ca. 2 cm), 1 Knoblauchzehe, 1 EL Zitronensaft, 1 Schalotte, einige Korianderblätter

48

Oben: Salat aus grüner Mango
Unten: Grüne Mango geschält und blütenförmig vom Stein geschnitten. Dazu schmeckt die süßwürzige Fischsauce.

Die Mango mit dem Kartoffelschälmesser dünn schälen und in feine Streifen schneiden. Am einfachsten geht das mit dem Küchenbeil: Die Frucht in die Hand nehmen, mit dem Beil die Längsseite vielfach einkerben, dann das Fruchtfleisch quer dazu flach wegschneiden. So entstehen wie von selbst hauchfeine Streifen. (siehe dazu auch das Photo auf Seite 65).
Für die Marinade den Palmzucker in der Brühe auf kleinem Feuer auflösen, Fischsauce zufügen, ebenso die gehackten Chilischoten, fein gewürfelten Ingwer und Knoblauch. Einige Minuten köcheln, bevor der Zitronensaft untergerührt wird. Die Mangostreifen damit anmachen. Zugedeckt eine Stunde ziehen lassen.
Vor dem Servieren die in feine Ringe gehobelte Schalotte und die zerzupften Korianderblätter untermischen.

Süßwürzige Fischsauce

Geschält und mehrfach rund um den flachen Stein eingeschnitten werden grüne Mangos auf den Märkten zum Sofortessen angeboten. Wie Blüten sehen sie dann aus. Dazu gehört eine Sauce, die mit ihrer Süße verblüffend gut zur säuerlichen Frucht paßt:

Für vier bis sechs Personen:

75 g Palm- oder brauner Zucker, 1 TL Garnelenpaste, je 3 EL Wasser und Fischsauce, 2 Schalotten, 2 rote Chilischoten

Aus Zucker, Garnelenpaste, Wasser und Fischsauce einen dicken Sirup kochen. Abkühlen lassen, erst dann die in feine Ringe gehobelten Schalotten und kleingeschnittenen Chilis einrühren.

Suppen

Wirklich nett, dieser junge Mann, der uns auf dem Markt angesprochen hatte, weil wir uns so intensiv für die verschiedenen Obst- und Gemüsesorten interessierten. Geduldig hatte er jede Frucht auf das genaueste erklärt. Er war begeistert, daß wir aus Deutschland kamen. Wie zum Beweis seiner Kennerschaft schnurrte er Namen deutscher Dichter und Denker herunter, eine ganze Liste von Schopenhauer bis Hölderlin. Ein Philosophielehrer. Wirklich nett, wieviel Zeit er sich für uns nahm, weil sein Unterricht gerade ausgefallen war. Den ganzen Nachmittag knatterten wir in einem gemieteten Boot durch endlose Klongs (die Wasserstraßen Bangkoks) zu den entlegensten Gärten, um zu sehen, wie der Tamarindenbaum aussieht, wo die Kaffirzitrone wächst und was den jungen Ingwer von der normalen Wurzel unterscheidet. *Visit* ließ auch keines der zahlreichen Klöster

Eine Suppenküche auf dem Markt

rechts und links des Weges aus, wußte zu allem Geschichte und Geschichten. Und lud uns schließlich zur Suppe ein.

Sie war heiß, höllisch scharf und unbeschreiblich köstlich. Sie duftete nach allen Wohlgerüchen Asiens. Es schwammen Gemüse darin, viele Nudeln und auch in Scheibchen geschnittener Entenmagen. »Diese Suppe«, sagte Visit andächtig, »ist das reinste Universalheilmittel. Neulich«, fuhr er fort, »fiel mein Neffe

vom Baum, aus zehn Metern Höhe. Er wäre innerlich verblutet, hätte man ihm nicht sofort diese Suppe eingeflößt.« Es hätte uns zu denken geben müssen, daß er tatsächlich daran glaubte.

Als er uns wieder am Ufer absetzen sollte, ließ er das Boot so lange in der Flußmitte dümpeln, bis wir ihm unsere gesamte Barschaft ausgehändigt hatten. Er war eben kein Philosophielehrer, sondern schlicht ein Straßendieb. Immerhin einer, der Schopenhauer kannte ... Und: Er hatte uns klargemacht, wie wichtig für einen Thai die Suppen sind.

Kaum eine Mahlzeit ohne Suppe. Ob zum Frühstück, als Mittagessen oder Imbiß zwischendurch. Suppen sind ebenso wichtig wie Reis. Denn, so verblüffend und paradox das für uns auch klingen mag, gerade eine heiße, scharfe Suppe hilft, die Hitze und das feuchte Tropenklima Thailands besser zu vertragen.

Der Feuertopf

Darin wird die berühmteste, die feinste, die *königliche* Suppe aufgetragen, die fast schon eine eigene Mahlzeit ist, *Tom Yam:* Ein klarer, unglaublich aromatischer Sud, höllisch scharf, aber von erfrischender Säure und nach den vielen Kräutern duftend, die verschwenderisch darin Verwendung finden: Zitronengras, Zitronenblatt, Basilikum und die winzigen, scharfen Vogelaugenchilis. Als Einlage schwimmen Gemüse, Würfel von Hähnchen- oder Schweinefleisch darin, Fisch oder verschiedene Meeresfrüchte gemischt oder, in der edelsten Version, jede Menge Garnelen. Dann heißt die Suppe *Tom Yam Gung,* und kein Thailand-Reisender, der sich nicht in sie verliebt hätte! Im Schornstein des Feuertopfs, um den die Wanne mit der Brühe befestigt ist, glüht Holzkohle und hält die Suppe heiß. Während man mit einem Löffel, oder hier auch ausnahmsweise mit Eßstäbchen, herausfischt, was in der Suppe schwimmt und zusammen mit gekochtem Reis verspeist – natürlich nicht ohne mit *Nam plaa* nachzuwürzen –, reduziert sich die Brühe zu einem betörend duftenden Konzentrat. Es wird zum Schluß aus kleinen Schälchen getrunken, um Mund und Kehle reinzuwaschen und im Magen auch noch das allerletzte freie Eckchen auszufüllen und so Wohlbehagen zu schaffen.

Wenn Sie also zufällig einen solchen Feuertopf besitzen: Diese Suppe gibt Ihnen die beste Gelegenheit, ihn endlich mal wieder hervorzuholen und zu entstauben. Übrigens: In den thailändischen Suppenrestaurants kann man beobachten, wie man ohne viel Mühe, vor allem aber schnell, ausreichende Glut zustande kriegt. Wichtigstes Utensil dafür ist der Fön: In der Holzkohle im Schornstein ein Stück Grillanzünder verstecken, anzünden und mit dem Fön hineinblasen. Innerhalb von kürzester Zeit ist die Holzkohle in Glut umgewandelt – moderne Zeiten!

Und noch eins: Den Feuertopf sollte man tunlichst im Freien, auf der Terrasse oder dem Balkon benutzen. Der Zimmerdecke zuliebe ... Also ein eher sommerliches Essen.

Scharfsäuerliche Hühnersuppe

• —————•—————•

Dies ist das Grundrezept für *Tom Yam* (scharfsäuerliche Suppe) auf Fleisch oder Gemüsebasis. Statt Hühnerfleisch und Pilzen kann man natürlich anderes Fleisch und Gemüse verwenden.

•—————•—————•

Für vier Personen:

ca. 1,5 l Duftende Hühnerbrühe (Rezept Seite 23), je 3–5 cm Galgant- und Ingwerwurzel, 3–6 rote und grüne Vogelaugenchilis, 2 Stengel Zitronengras, 1 Stück Kaffirzitronenschale, 3–4 EL Fischsauce, 3–4 EL Zitronensaft, 350 g ausgelöste Hähnchenbrust, 1 TL Speisestärke, 1 EL Eiweiß 1 Dose Strohpilze, 4–5 Zitronenblätter, Salz, Pfeffer

Die Hühnerbrühe aufkochen und die Gewürze zufügen: Die Galgant- und Ingwerwurzel geschält und quer in hauchfeine Scheibchen geschnitten, die Chilis lediglich grob zerkleinert, das Zitronengras schräg in dünne Ringe geschnitten, das

So werden die nötigen Gewürze für die thailändische Nationalsuppe auf dem Markt angeboten, wie bei uns das Suppengrün: Ein dickes Bündel aus Zitronengras, die leicht medizinisch duftende Galgantwurzel, ohne die eine *Tom Yam* einfach keine ist, etwas Ingwer und reichlich Zitronenblätter, die der Brühe ihr unverwechselbares Aroma geben. Die schrumpelige Schale der Kaffirzitronen darf nur kurze Zeit mitkochen, weil sie sonst allzusehr die anderen Geschmäcker übertönt

Stück Zitronenschale unzerteilt, damit es sich nach zehn Minuten leicht wieder herausfischen und entfernen läßt (bleibt es ebenso lange in der Brühe wie alles übrige, schmeckt die Suppe nur noch danach). Köcheln, bis die Suppe intensiv duftet. Mit Fischsauce und Zitronensaft kräftig und deutlich säuerlich würzen.

Inzwischen das Hühnerfleisch quer in halbzentimeterdünne Scheibchen schneiden oder würfeln. Mit der Stärke überpudern und sie gut einmassieren. Sie umschließt das Fleisch wie ein schützender Film, der es beim Pochieren besonders zart und saftig erhält.

Das Fleisch salzen, pfeffern und mit den in Stücke zerzupften Zitronenblättern sowie den abgetropften Strohpilzen in die Brühe geben.

Fünf Minuten ziehen lassen, bevor in den Feuertopf umgefüllt und serviert wird. Dazu unbedingt als Tischwürze *Nam plaa* (Seite 20) reichen, das zusätzlich mit Knoblauch gewürzt wurde.

Tip: Gerade bei dieser Suppe ist die Schärfe als Kontrast zur Säure und dem Zitronenduft wichtiger Bestandteil des Geschmacks. Wer noch nicht richtig daran gewöhnt ist – Schärfe zu vertragen muß man durch Übung lernen –, beginnt zunächst mit einer kleineren Chilidosis als hier angegeben. Es wird nicht lange dauern, bis Sie die Menge freiwillig erhöhen. Ruhig sogar über das oben aufgeführte Maß hinaus.

Scharfe Garnelensuppe

·———·———·

Unbestritten die Königin der Suppen! Man könnte süchtig nach ihr werden. Diese Frische und Leichtigkeit und welcher Duft! Ihr Aroma wird um so intensiver, je kräftiger man die Garnelenschalen zuvor dafür angeröstet hat. Man kann übrigens – für Gäste – die Brühe wunderbar vorbereiten. Sobald serviert werden soll, braucht man sie nur noch zu erhitzen und die Garnelen darin zwei Minuten ziehen lassen. Kräuter und Zitronenblatt stehen ebenfalls bereit und werden natürlich erst jetzt zugefügt. Übrigens können die Garnelen ruhig aus der Tiefkühltruhe stammen. Die guten Qualitäten sind immer in der Schale eingefroren, mit oder ohne Kopf und möglichst *nicht* im Block. Wenn sie im Kühlschrank auftauen dürfen, behalten sie besser Saft und Struktur.

·———·———·

Für vier Personen:

400 g Garnelen, 1 EL Erdnußöl, 1,5 l Wasser, 3 Stengel Zitronengras, 4 cm Galgantwurzel, 2 cm Ingwer, 6–10 grüne und rote Vogelaugenchilis, je 3–4 EL Fischsauce und Zitronensaft, 1 Stück Kaffirzitronenschale, 6–8 Zitronenblätter, je eine Handvoll süßes Basilikum und Koriandergrün, 2 Frühlingszwiebeln, 2 milde, rote Chilischoten

Die Garnelen gründlich waschen, aus der Schale lösen, dabei die Schwanzenden ruhig in der Schale lassen – das sieht hübscher aus. Die Garnelen längs halbieren, den schwarzen Darm, der dabei freigelegt wird, entfernen. Die Schalen waschen, im heißen Öl kräftig und ausdauernd anrösten. Mit Wasser auffüllen. Ohne Deckel auf mittlerem Feuer eine halbe Stunde köcheln, dabei die grünen Teile vom Zitronengras, die weniger schönen Stücke vom Galgant und Ingwer und die Hälfte der kleinen Chilis mitkochen lassen.

Inzwischen die restlichen Gewürze in feine Scheiben oder Ringe schneiden. In den gut gewürzten, nunmehr durch ein Sieb gefilterten Garnelensud geben. Nochmals abschmecken, gegebenenfalls mit Zitronensaft nachsäuern oder mit Fischsauce nachwürzen. Die Garnelen zufügen und neben dem Feuer fünf Minuten ziehen lassen. Die zerzupften oder in feine Streifen geschnittenen Kräuter zufügen, bevor angerichtet wird: Als ganze Mahlzeit in den Feuertopf, dann gibt es auch Reis und Dipsaucen dazu – auf alle Fälle natürlich die gut gewürzte *Nam plaa.* Oder, als Vorspeise oder Zwischengericht, in Suppenschälchen oder Suppentassen. Auf thai heißt diese Suppe *Tom Yam Gung,* sie wird überall unendlich hoch geschätzt, gilt fast schon als Nationalgericht.

Eine köstliche Variante dazu ist die

Scharfe Garnelensuppe in Kokossahne

————·————

Dafür braucht man den ersten Aufguß
von mindestens einer ganzen frisch geraspelten Kokosnuß, damit der Sud schön
kräftig und samten wird. Man kann aber
ebenso gut dehydrierte Kokossahne verwenden, die es als vakuumverpackten
Block in Asienshops zu kaufen gibt.
Oder Kokossahne aus der Dose – jedoch
unbedingt eine *ungesüßte* Sorte nehmen!
Besonders hübsch ist es natürlich, wenn
man die Suppe in einer leeren Kokos-
schale anrichten kann (deshalb immer
aufheben, wenn sich die Nuß so akkurat
knacken ließ, daß ein Behältnis daraus
entstanden ist). Leider muß man ja hierzulande meist darauf verzichten, eine
junge Kokosnuß dafür zur Verfügung zu
haben (wie auf dem Photo), deren
Fruchtfleisch noch gallertartig weich ist
und beim Auslöffeln der Suppe mit dem
Löffel mitgeschabt werden kann: Ein zu-
sätzlicher Genuß!

————·————

Für vier Personen:

*400 g ungeschälte Garnelen, 1 EL Öl,
¼ l Wasser, ca. 1 l Kokosmilch, 2 Stengel
Zitronengras, 4–5 cm Galgant,
2 cm Ingwer, 1 TL rote Currypaste
(Rezept Seite 19), 4–6 rote Chilis,
3 EL Fischsauce, 3–4 EL Zitronensaft,
Salz, Pfeffer, 1 Frühlingszwiebel,
Koriandergrün*

Die Garnelen schälen, entdärmen, ihre
Schale gründlich waschen und schließlich im heißen Öl kräftig anrösten. Mit
dem Wasser auffüllen und 20 Minuten
auskochen. Durch ein Sieb filtern. Mit etwa der Hälfte der Kokosmilch erneut
aufkochen, das in feine Scheiben geschnittene Zitronengras, den Galgant am
Stück (damit man ihn wieder herausfischen kann und nicht mitessen muß),
den fein gehackten Ingwer, die Chilipaste und die kleingeschnittenen Chilis einrühren und mit Fischsauce, Zitronensaft,
Salz und Pfeffer würzen. Zehn Minuten
köcheln, bevor die halbierten Garnelen

in den kochendheißen Sud kommen, der dann jedoch nicht mehr kochen soll. Deshalb sofort die restliche Kokosmilch zufügen. Nochmals erhitzen und abschmecken. Mit in Ringe geschnittenen Frühlingszwiebeln und Korianderblättern bestreuen.

Reissuppe mit Krabben und Strohpilzen

———•———•———

Reissuppen sind ungeheuer beliebt, sie werden sogar, dann allerdings ohne weitere Einlage, nur mit ein paar Kräutern und – natürlich! – der unerläßlichen Fischsauce bereits zum Frühstück serviert. In diesem Fall werden sie mit soviel Reis gekocht, daß sie nicht mehr klar wirken, sondern hell, wie eine gebundene Suppe, die ihre Herleitung vom *Congee*, dem fast flüssigen Reisbrei, wie ihn die Chinesen zum Frühstück lieben, durchaus nicht leugnen will. Nicht immer wird mit Wasser oder Brühe, manchmal auch mit Kokosmilch angesetzt. Eine solche Reissuppe gilt als Allheilmittel für Rekonvaleszenten: Sie soll wieder Kraft bei Grippe, Schwäche, Magenschmerzen spenden und wieder auf die Beine helfen, wenn man am Abend zuvor zuviel gefeiert hat.

Für vier Personen:

1 l Wasser oder leichte Hühnerbrühe, 75 g Reis, Salz, 3 EL Fischsauce, 2 kleine, etwa daumendicke Zucchini, 100 g Mini-Maiskölbchen, 100 g Strohpilze oder Champignons, 1 Frühlingszwiebel, Pfeffer, 150 g Tiefseekrabben oder kleine Garnelen, 3 Zitronenblätter, Zitronensaft

Das Wasser oder die Brühe aufkochen, den Reis hineinstreuen, salzen und mit einem Löffel Fischsauce würzen. Auf kleinem Feuer etwa 20 Minuten lang richtig weich kochen. Erst dann die längs geviertelten, quer in fast fingerdicke Scheiben geschnittenen Zucchini, die Maiskölbchen und die halbierten oder in Scheiben geschnittenen Pilze sowie die grob zerpflückten Zitronenblätter zufügen. Fünf Minuten köcheln, bis alle Gemüse gar, aber nicht zu weich sind. Die in feine Ringe geschnittene Frühlingszwiebel in die Suppe rühren. Erst ganz zum Schluß die Krabben in die Suppe geben, vor allem, wenn es sich um bereits gegarte handelt, die nur noch erhitzt werden dürfen.
Mit der restlichen Fischsauce, Salz, Pfeffer und Zitronensaft kräftig abschmecken und heiß servieren.

Sanfte Fischsuppe mit Gemüse und Garnelen

(zum Photo auf Seite 57)

Kurz bevor der Abend hereinbricht, schickt die Sonne noch sehr schräg einen Strahl von rosa Licht, das das Meer dunkel glitzern und den ausfahrenden Kutter golden erglänzen läßt. Und dann ist innerhalb weniger Minuten die Nacht da und breitet eine violett-samtene Decke über das Land

Auch das kennt die Thai-Küche: Mild gewürzte, sanfte Brühen, aromatisch nach den Kräutern und Gemüsen duftend, die darin schwimmen, ohne jegliche Schärfe. Basis ist meist, selbst für Suppen mit Fisch oder Meeresfrüchten, eine ganz leichte Hühnerbrühe oder ein Gemüse-

Die Marktfrauen beschäftigen sich, während sie auf Kundschaft warten: Sie schuppen, putzen, filieren die Fische, die in zahlloser Vielfalt angeboten werden und immer wieder einfach bildschön anzusehen sind

sud (dafür kann man ruhig auch ein Fertigprodukt aus Paste oder der Tüte nehmen). Als Einlage ist alles geeignet, was schmeckt und zusammenpaßt: Fisch, Muscheln und andere Meeresfrüchte, genauso aber auch Fleisch oder einfach nur Gemüse und Kräuter. Die kleinen Maiskölbchen, die man in Thailand so liebt und häufig verwendet, gibt es bei uns leider nur ganz selten frisch (Dann sind sie meist aus Thailand importiert! Übrigens: Man kann sie wunderbar einfrieren, wenn man sie sekundenlang mit kochendem Wasser überbrüht und anschließend in Eiswasser abgekühlt hat. Also zugreifen, wenn Sie welche sehen).

Wer sich mit Maiskölbchen aus der Dose behelfen will, muß darauf achten, daß sie *au naturel* verarbeitet sind. Auf keinen Fall sollte man Pickles verwenden, die in Essig sauer eingelegten Kölbchen.

• ——————— •

Für vier Personen:

knapp 1 l Gemüse- oder Hühnerbrühe,
150 g Mini-Maiskölbchen,
½ Mini-Salatgurke, 4 Frühlingszwiebeln,
200 g Fischfilet, 4 schöne Garnelen,
2 EL Fischsauce, 1 EL Sojasauce, Salz,
Pfeffer, Zitronensaft

Die Brühe aufkochen. Die geputzten Maiskölbchen darin etwa fünf Minuten halbgar köcheln. Die Salatgurke schälen,

längs vierteln und schließlich quer in fingerdicke Stücke geschnitten in die Brühe geben. Alles weitere fünf Minuten köcheln. Die Frühlingszwiebeln schräg in Stücke schneiden und zufügen.

Den Fisch in Würfel schneiden. Die Garnelen schälen, längs halbieren und entdärmen. Fisch und Garnelen mit einigen Tropfen Fischsauce, Sojasauce, Zitronensaft sowie Salz und Pfeffer sanft würzen. Mit dem Rest Fisch- und Sojasauce die Brühe kräftig abschmecken. Fisch und Garnelen in eben kochende Brühe legen. Den Topf dann jedoch sofort vom Feuer nehmen, damit sie unterhalb des Siedepunktes drei bis fünf Minuten garziehen können und trotzdem saftig bleiben. Wer mag, streut vor dem Servieren noch frische Kräuter, Koriander oder Basilikum, darüber.

Schnelle Suppen mit bunten Einlagen

• ——————— •

Zu diesem Thema verfügt jeder Straßenkoch Thailands und natürlich jede einzelne Hausfrau über ein unerschöpfliches Repertoire, das täglich mit einer immer wieder neuen Zusammenstellung von immer wieder anderen Zutaten noch erweitert wird – nach einer Art »Generalrezept«, das sich bis ins Unendliche abwandeln läßt:

Ausgangspunkt ist stets eine bereits mit viel Ingwer, Knoblauch, Chilis gekochte, thaiwürzige Brühe – aus Knochen von Hühnern oder anderem Geflügel, natürlich auch vom Rind oder Schwein. Die kann man im Kühlschrank als ständigen Vorrat bereithalten – sie bleibt dort ohnehin drei bis vier Tage frisch. Kocht man sie täglich auf, hält sie sich mühelos noch länger.

Als Einlage kann das mitgekochte Fleisch verwendet werden, quer zur Faser in dünne Scheibchen oder kleine Würfel geschnitten. Solange das Fleisch kalt ist, läßt es sich wesentlich leichter fein aufschneiden, auch auf dem elektrischen Allesschneider. Natürlich Gemüse, Kräuter und – das Wichtigste – Nudeln. Sie gelten als Glückssymbol, bedeuten langes Leben (weshalb unbedingt an Geburtstagen eine Nudelsuppe ins Menü gehört), und es gibt sie in unzähligen Varianten.

In eine Entensuppe (wie jene aus der Einleitung zum Suppenkapitel) gehören zum Beispiel spaghettifeine Nudeln, die mit Enteneiern hergestellt sind. Man kann wählen zwischen Reisnudeln in jeder Form, Eiernudeln in jeder Breite, Weizennudeln in jeglicher Länge und den durchsichtigen Glasnudeln aus dem Mehl von Mungobohnen. Sie werden lieber in einem zweiten Topf getrennt gekocht, damit die dabei ausgespülte Stärke die Suppe nicht trübt.

Hinzu kommen außerdem Kräuter, wie es der Vorrat gerade erlaubt: In feine Scheibchen geschnittene Frühlingszwiebeln, chinesischer Schnittlauch, Koriander, Basilikum, Minze, Sellerieblätter – oder auch einheimische, wie Kerbel, Liebstöckel und Petersilie. Gemüse sollte in Sekundenschnelle gar sein, wie blättrig geschnittene Champignons, Bleichsellerie in Scheibchen, hauchdünn gehobelte Zucchini, Sojakeime, Bambussprossen oder in Streifen geschnittener Salat. Denn sofern die Suppeneinlagen wie beschrieben vorbereitet und portionsweise in die Suppenschälchen verteilt parat stehen, ist alle Arbeit praktisch getan:
Nur noch mit kochendheißer Brühe aufgießen – bis der Teller auf dem Tisch steht, ist alles durchwärmt, und man kann sich's schmecken lassen.

• ——————— •
——————— •

Klare, duftende Brühe mit Auberginen und Nudeln

Für vier Personen:

*100 g feine Eiernudeln, Salz, 1 kleine Aubergine, 1 l Duftende Brühe (Seite 23), 2 EL Fischsauce,
1 TL Sesamöl, 1 EL Sojasauce,
2–3 Frühlingszwiebeln, 1 rote und grüne Chilischote, wenn vorhanden: 100 g gekochtes Rindfleisch, Koriandergrün*

Die Nudeln für drei bis vier Minuten (je nachdem, wie trocken sie sind) in kochendes Salzwasser geben, entwirren, damit nichts mehr zusammenklebt, und in kaltem Wasser abschrecken.
Die Aubergine längs vierteln, quer in Stücke von 3 cm Größe schneiden. Mit einem Löffel Fischsauce, Sesamöl, Sojasauce in einem kleinen Topf oder dem Wok eben mit Brühe bedecken und zehn Minuten sanft köcheln, dabei immer wieder rühren und wenden, damit die Stücke überall von den würzenden Flüssigkeiten getränkt und gleichzeitig schmelzend gar werden.
Die abgetropften Nudeln, gehackte Frühlingszwiebeln, winzig gewürfelte Chilis, in Scheiben geschnittenes Rindfleisch und Auberginen in Suppenschälchen verteilen. Mit der restlichen Brühe kochendheiß auffüllen. Mit reichlich zerzupften Korianderblättern garnieren.

Reis und Gemüse

Es war auf einer jener winzigen Inseln im Golf von Siam, die damals, vor 15 Jahren, wirklich noch vom Tourismus unberührt waren. Es gab noch kein einziges Hotel. Morgens tuckerte man mit einem kleinen Boot von Pattaya aus eine halbe Stunde hinaus, mußte die letzten Schritte im türkisblauen, kristallklaren Wasser zum unberührt weißen Strand zu Fuß zurücklegen und konnte den ganzen Tag absolut ungestört baden, sich sonnen, dem süßen Nichtstun hingeben. Und wenn man Hunger hatte, gab's im einzigen »Restaurant« der Insel zu essen. Unter einem Dach aus Bananenblättern saß man, vor der unbarmherzigen Sonne geschützt, auf windschief zusammengezimmerten Holzbänken. Serviert wurde, was für die Familie gerade auf dem Speiseplan stand. *Ananas-Reis.* Meine Begeisterung hielt sich in Grenzen, als der Sohn des Hauses – als einziger der Familie bereits

Vegetarisches Essen – mit und ohne Weltanschauung

über einen kleinen englischen Wortschatz verfügend – stolz und strahlend das Tagesgericht ankündigte. Damals grassierte bei uns in Deutschland noch die Toast-Hawaii-Krankheit: Es wurde gnadenlos auf alles eine Scheibe Ananas gebettet und als exotisch gefeiert. Das schmeckte süß, pappig und nach Dose, und ich mochte es nicht. Jetzt aber hatte ich keine Wahl. Na – und was soll ich sa-

gen? Natürlich erinnerte das fröhliche Reis-Kunterbunt, das in einer ausgehöhlten Ananas aufgetragen wurde, in nichts, aber auch wirklich gar nichts an die schrecklich goldgelben Kringel, die bei uns unter demselben Namen aus der Dose kamen. Es schmeckte umwerfend: Die *frische* Frucht paßte mit ihrer Säure einfach wunderbar zum ausgesprochen würzigen Reis, für den an Knoblauch und Chili nicht gespart wurde. Die alte Geschichte von den guten Zutaten, die frisch und in ihrer Zeit eben einfach prima zusammenpassen …

Reis- und Gemüsegerichte stellen einen wichtigen Anteil des Speiseplans der Thaiküche. Es wird zwar nicht strikt ausschließlich vegetarisch gegessen, wie es die buddhistische Lehre predigt – aber, weil Gemüse, Reis und Früchte leichter und billiger verfügbar sind, wird davon mehr als vom teureren Fleisch verbraucht.

Große Gemüseplatte mit scharfer Sauce

Eine Art Nationalgericht, vor allem die scharfe Sauce, *Nam prik*, die aus gerösteter Garnelenpaste, Knoblauch und Chilis besteht. Dazu wird Gemüse serviert: Alles, was es gerade gibt, gekocht, gegrillt, gebraten oder roh – je nach Sorte. Und zu festlichen Anlässen schnitzt man sie auch so dekorativ zu wie auf der Gemüseplatte rechts. Und dann reicht man vielleicht sogar außerdem noch gegrillten oder gebratenen Fisch dazu (kleines Photo ganz rechts).

Für vier bis sechs Personen:

Scharfe Sauce (Nam prik)
2 EL Garnelenpaste, 6 Knoblauchzehen,
Saft von 2 Zitronen, 4–6 Chilis,
1 EL Fischsauce, 3 TL Palmzucker

Die Garnelenpaste auf einem Stück Alufolie auf der heißen Herdplatte rösten, bis sie stark duftet. Noch heiß mit dem Knoblauch im Mörser oder im Mixer zu einer Paste zerkleinern, dabei Zitronensaft, entkernte Chilis, Fischsauce und Zucker zufügen. Falls die Sauce zu dick wirkt, mit etwas heißem Wasser oder mit einem Schuß Brühe verdünnen.

60

Für die Große Gemüseplatte auf dem Photo wurden folgende Gemüse verwendet (von oben, im Uhrzeigersinn):

• Weißkohl, in Salzwasser blanchiert;

• Flügelbohnen, ein grünes Gemüse, das Bohnen tatsächlich ähnlich sieht, flach und breit, aber auf der ganzen Länge mit gefiederten Flügeln versehen ist. Statt dessen kann man auch unsere Gemüsebohnen nehmen, die man sonst für Schnibbelbohnen verwendet: Schräg in Stücke schneiden und in Salzwasser knapp gar kochen;

• junge Maiskölbchen, roh oder – nach Belieben – kurz blanchiert:

• große rote Chilischoten, hier kunstvoll nach Pagodenart zurechtgeschnitzt;

• breite Gurkenstücke, als Rosetten zugeschnitten;

• gelbe Möhren und weiße (geschälte) Galgantwurzel, als Ingwerblüten zurechtgeschnitzt, mit Blättern vom Chilistrauch;

• Frühlingszwiebellöckchen (siehe Seite 24);

• wunderschön zu Blättern geschnitzt und eingekerbt: Stücke der verschiedenen Auberginensorten – von Weiß, Hellgrün, Leuchtendgelb bis Auberginenfarben – und von Gurke;

• Rhomben vom *Spinat-Omelett*: Dafür werden 3 Eier mit 1 EL Fischsauce verquirlt. 250 g blanchierter, gut ausgedrückter Spinat wird in 1 TL Sesamöl geschwenkt, das mit 1 durchgepreßten Knoblauchzehe und 1 TL feingehacktem Ingwer gewürzt ist, und mit den Eiern vermischt. Dann in einer kleinen, beschichteten Pfanne (Durchmesser etwa 15 cm, damit das Omelett nicht zu flach wird) wie eine spanische Tortilla oder eine italienische Frittata auf beiden Seiten backen, bis das Innere gestockt ist;

• goldene Zucchinitaler – dafür werden die halbzentimeterdicken Zucchinischeiben in verquirltes, mit Fischsauce gewürztes Ei getaucht, bevor sie in heißem Öl schwimmend ausgebacken werden;

• grüne Bohnen – in Thailand heißen sie Schnurbohnen und sind bis zu einem halben Meter (!) lang – natürlich schmekken sie auch ein bißchen anders. Trotzdem kann man sie durchaus durch die

Gegrillte Fische, nicht die Hauptsache, sondern die Beilage zum Gemüse und zur berühmten *Nam prik*, der klassischen scharfen Sauce

einheimischen Bohnen ersetzen. Wer mag, schürzt sie nach dem Blanchieren ebenfalls zum Knoten;

• last, but not least, kleine, weiße Auberginen, in Salzwasser gegart – natürlich kann man ebensogut lila Auberginen nehmen und sie braten, grillen oder sogar roh lassen.

Natürlich ist dieses Angebot überhaupt nur als Vorschlag gemeint und als Aufforderung zur Improvisation. Servieren Sie zur scharfen Sauce *Nam prik* alles, was der Garten oder Markt gerade bietet, von Blumenkohl und Brokkoli bis zu Wirsing und Roter Bete.

Gemüsenudeln mit Bananenblüten

Eines der ungezählten Nudelgerichte, die man bei den Straßenköchen überall in Thailand sozusagen aus dem Stand essen kann. Vielleicht in exakt dieser Zusammenstellung in dem Augenblick entstanden, als ich der Köchin in ihrer »Küche« am Straßenrand zugeschaut habe. Die Dämmerung brach eben herein, sie hatte ihre gesamten Vorräte ordentlich aufgebaut und sich für den Gästeansturm gerüstet. Sämtliche Zutaten waren zurechtgeschnitten. Es standen Hocker bereit, die drei Tischchen auf dem Bürgersteig waren frisch gewischt. Und der Wok soeben auf den mobilen Propangasherd gesetzt. Sie kochte für den ersten Gast. Und dessen Portion sah so verlockend aus, daß ich um die nächste bat. Welches Vergnügen, ihr bei der Arbeit zuzusehen: Das ging ganz ruhig, mit raschen, selbstverständlichen Handgriffen. Nacheinander füllte sie die vor ihr bereitstehenden, fix und fertig zugeschnittenen Zutaten in den Wok, wirbelte alles gehörig durcheinander, würzte, und es dauerte keine

Sorgfältig aufgeräumt, blitzsauber und bestens ausgestattet – eine der vielen Freiluftküchen, die es überall in Thailand gibt, und wo man immer wunderbar essen kann

zwei Minuten, da stand mein Essen dampfend und köstlich duftend auf dem Tisch. Das ist doch wirklich *fast-food* in des Wortes angenehmster Bedeutung.

———————
•
———————

Ich habe mir das Rezept notiert:

Für vier Personen:

3 EL Hühnerfett, 1 große Zwiebel in feinen Ringen, je 1 TL feingehackter Knoblauch und Ingwer, 250 g gekochte Reisnudeln, 1 TL zerbröselte, getrocknete Chilischote, 2–2 EL Fischsauce, 1 Prise Zucker, ⅛ l duftende Hühnerbrühe (Rezept siehe Seite 23), 1 TL getrocknete Krabben oder ½ TL Garnelenpaste, 4 Eier, 100 g in Streifen geschnittener Weißkohl, 150 g Sojabohnensprossen, 2 EL zerkrümelte Erdnüsse

Im heißen Hühnerfett Zwiebel, Knoblauch und Ingwer andünsten. Die Nudeln zufügen, alles mischen, mit Chili, Fischsauce und Zucker würzen. Wenn al-

les glänzt, weil es vom Hühnerfett umgeben ist, die Brühe angießen und die Krabben zufügen. (Wer Garnelenpaste nimmt, sollte sie in der Brühe auflösen.) Sobald die Brühe im Wok brodelt, die Eier zufügen und alles gründlich mischen. Kohl und Sprossen zufügen, abschmekken und mit Erdnüssen bestreuen.

Bananenblüten sind ein beliebtes Gemüse. Unter den bräunlich-lila Außenhülle (Photo links) stecken sehr feste, gelbe Blätter von knackiger Konsistenz (Photo oben, auf dem linken Teller), die, ganz ähnlich wie rohe Artischocken, ein bißchen säuerlich schmecken und auch genauso adstringierend wirken

Dazu servierte man mir auf einem extra Teller Frühlingszwiebeln, Sojakeime, chinesischen Schnittlauch und ein Gemüse, das ein bißchen wie eine rohe Artischokke schmeckte, sich jedoch als das Innere einer Bananenblüte entpuppte. Wenn man genau hinsieht, kann man es auf dem Photo oben rechts genau erkennen: Auf dem linken Teller liegt eine längs geviertelte Bananenblüte, zwischen deren gelblichen Blättern die winzig kleinen Bananen deutlich auszumachen sind.

Gebratener Reis in Ananas

Frische Ananas kann man mittlerweile auch bei uns überall ohne jede Schwierigkeiten kaufen. Und nur damit sollte man dieses Gericht auch zubereiten! Natürlich ist es hübsch, wenn man es in der ausgehöhlten Fruchthälfte servieren kann. Zumal der Reis zusätzlich vom Ananasaroma durchtränkt wird, wenn man ihn bereits in der Fruchthälfte ange-

richtet vor dem Servieren noch einige Minuten im Backofen durchziehen läßt. Aber unbedingt nötig ist es nicht.

Für vier Personen:

2 mittelgroße Ananasfrüchte,
100 g gekochter Schinken, 2 EL Öl,
3 Schalotten, 2 Knoblauchzehen,
1 cm Ingwer, 2 EL Korinthen,
2 grüne Paprikaschoten, 2 grüne Chilis,
4 Tassen gekochter Reis, ca.
⅛ l Hühnerbrühe, 1 EL Fischsauce

Beide Ananas längs halbieren. Mit einem Löffel das Fruchtfleisch herausschaben, die schwarzen Augen aus dem Fleisch jeweils herausschneiden. Den Rest in zentimeter große Würfel schneiden. Die ausgehöhlten Früchte beiseite stellen.

Den winzig klein gewürfelten Schinken mit den feingeschnittenen Schalotten, Knoblauch und Ingwer im heißen Öl andünsten. Die Rosinen, ebenso kleingewürfelten Paprika und Chilis, zufügen. Den Reis zufügen und mitbraten, dabei rühren und wenden, bis alles von einem Ölfilm überzogen glänzt. Damit nichts ansetzt, Brühe angießen und mit Fischsauce würzen. Ganz zum Schluß die Ananaswürfel zufügen und rasch durcheinanderwirbelnd erwärmen.

Abschmecken und in den Ananashälften anrichten. Sie bis zum Servieren für einige Minuten in den 200 Grad heißen Ofen stellen.

Dieses Grundrezept läßt sich natürlich vielfältig abwandeln. Statt Schinken nimmt man Fleisch, vom Huhn, Schwein, Rind, auch Innereien – jeweils kleingewürfelt sowie stets mit einem Hauch Speisestärke eingepudert und einmassiert, weil es dann beim schnellen Braten zarter wird.

Natürlich kann man ebensogut Fisch, Garnelen oder andere Meeresfrüchte nehmen und die unterschiedlichsten Gemüse und Kräuter einarbeiten.

Hauptsache, das Kochen selbst geht wirklich schnell und auf starkem Feuer vor sich, damit der Reis schön körnig bleibt und nicht aufgeweicht wird.

Wer sich dafür interessiert, kann in Thailand mühelos kochen lernen. Wo sonst hat man als normaler Passant soviel Gelegenheit, Köchinnen und Hausfrauen über die Schulter zu gucken? Und wenn auch die gemeinsame Sprache fehlt, sind diese Straßenköche alle zu jeglicher Erklärung bereit – mit Händen und Füßen beziehungsweise mit dem Küchenbeil. Wie diese junge Frau, die gerade eine Gurke freihändig in feinste Streifen schneidet: Sie kerbt die Gurke mit dem Küchenbeil mit kurzen, schnellen Schnitten längs ein, schneidet dann von oben nach unten dünne Scheiben herunter, die – zuvor ja eingeschnitten – nunmehr als Streifen in die bereitstehende Schüssel fallen. Einfach genial!

Der Eiermann am Strand verkauft über Holzkohle in ihrer Schale gegarte Eier. Sie schmecken nicht anders als gekocht. Aber wie sollte er in seinem mobilen Verkaufsstand mit eingebauter Küche – beides in zwei Körben untergebracht, die er an einem Tragejoch über der Schulter bequem durch die Gegend schleppt –, wie sollte er darin einen Wassertopf zum Eierkochen unterbringen? Die Lösung mit dem Gitterrost über der Holzkohle ist einfach genial! Wer mag, läßt sich von ihm die Eier nach dem Öffnen salzen. Und kriegt noch im kleinen Plastiktütchen eine kräftig gewürzte Sauce zum Stippen obendrein

Sojakeim-Omeletts

• ———— • ———— •

Zusammen mit einem Salat können sie eine kleine Mahlzeit sein. Gut schmecken sie auch als Häppchen zum Begrüßungsschluck. Zum Beispiel im Sommer beim Gartenfest: Legen Sie einfach eine Bratplatte oder eine Pfanne auf Ihren Gartengrill. Denn am besten schmeckt's direkt aus der Pfanne, sozusagen im Stehen und aus der Hand. Wie auf einem thailändischen Markt, wo sie ein beliebter Imbiß sind. Die Omelettbrater rühren übrigens den Teig für nahezu jede Portion frisch an. Wahrscheinlich, weil Herumstehen in der tropischen Tageshitze ihm nicht besonders guttut. Das wird hierzulande nicht nötig sein ...

• ———— • ———— •

Für sechs Personen:

6–8 Eier, 5 EL Mehl,
2 EL Fischsauce,
2 EL Sojasauce, je 1 EL fein-
gehackter Ingwer und
Knoblauch, 300 g Soja-
keime, 2 Frühlingszwiebeln,
2 EL Öl

Die Eier mit dem Mehl gründlich verquirlen. Mit Fischsauce, Sojasauce, Ingwer und Knoblauch würzen. Kurz bevor die Ome-

Der Wochenmarkt von Bangkok ist mittlerweile perfekt ausgerüstet. Die einzelnen Stände sind sogar mit Strom versorgt, für Beleuchtung und Ventilatoren, manchmal auch Kühlschränke – gekocht wird allerdings immer noch mit Holzkohle oder Gas

letts zubereitet werden, die Sojakeime und die in feine Ringe geschnittenen Frühlingszwiebeln einrühren.

Zum Braten die Pfanne oder Bratplatte mit Öl einpinseln. Jeweils eine kleine Kelle Teig, mitsamt Gemüse versteht sich, daraufsetzen und rund verstreichen. Auf beiden Seiten rasch golden braten. Dazu gibt es natürlich verschiedene Dips und Saucen. Von der fertigen Chilisauce aus der Flasche bis zu einer Auswahl selbstgemachter Saucen (Rezepte dafür finden Sie ab Seite 21).

Variationen: Die Eiermischung läßt sich natürlich auch kräftiger würzen, mit zerkrümelten, getrockneten Chilis schärfen und mit zerstoßenem Piment oder gemahlenem Kreuzkümmel abschmekken. Als Gemüse läßt sich alles mögliche einbetten, von Kräutern (chinesischer Schnittlauch, Frühlingszwiebeln, Basilikum oder Koriandergrün) bis zu Gemüse (feine Lauchringe, geschnibbelte Bohnen oder gehobelte Zucchini).

Im Prinzip eine ganz einfache Konstruktion: Die Bratplatte zum Zubereiten der Sojakeim-Omeletts wird mit Holzkohle befeuert. Darauf sind die Omeletts ganz schnell auf beiden Seiten gebräunt

Rührei im Hemd

Einfach ein Vergnügen, den Köchen zuzusehen, die diese Spezialität zubereiten:
Aus einer Art sehr weichem Strudelteig,
der mit Öl geschmeidig gemacht ist, be-
reiten sie die Hülle für ein auf der heißen
Bratplatte gebratenes Rührei zu. Und
zwar ziehen sie den Teig so hauchdünn
aus, wie das auch für einen perfekten
Strudel richtig wäre. Mit blitzschnellen,
routinierten Bewegungen – man kann
gar nicht so schnell schauen, wie wieder
eine Portion fertig ist. Man kann unter
verschiedenen Versionen wählen: Nicht
immer wird ein Ei in den Teig gepackt,
manchmal sind es auch
Zwiebelringe, Lauch oder
anderes Gemüse – immer
rasch auf der heißen Bratplatte geröstet. Oder es
wird auch nur dick mit Zuk-
ker bestreut.

Es den virtuosen Köchen
nachzutun, ist sicher nicht
einfach: um zu wissen, welche Konsistenz der Teig haben sollte, müßte man ihn
eigentlich gesehen haben.
Trotzdem hier der Versuch
einer genauen Beschrei-
bung:

Für vier bis sechs Personen:

Teig
*250 g Mehl, 1 Prise Salz, 2 EL Öl,
2 Eigelb, ca. ⅛ l lauwarmes Wasser,
Öl zum Einpinseln*
*Außerdem: 6–8 Eier, 2 EL Öl, 2 EL
Fischsauce, 1 EL Sojasauce, 1 TL Sesamöl*

Der Teig sollte mindestens zwei Stunden
vor Gebrauch zubereitet werden, am besten bereits am Tag zuvor, damit der Kle-
ber im Mehl sich ausbilden kann und der
Teig elastischer wird.
Mehl, Salz, Öl und Eigelb mit den Knet-
haken des Handrührers vermischen, dabei so viel Wasser zufügen, daß ein wei-
cher Brei entsteht. Rühren, bis sich alles
so weit verbunden hat, daß
sich der Teig von der
Schüssel löst. Jetzt auf der
mit Mehl bestäubten Ar-
beitsfläche kräftig durchwalken und durchkneten,
eventuell noch etwas Öl
zufügen und einarbeiten.
Der Teig soll sich sehr
weich anfühlen, ganz leicht
formbar sein, darf aber auf
keinen Fall kleben. Schließ-

Die quadratischen Teigtaschen
(Bild links) sind mit Ei oder
Gemüse gefüllt und werden mit
einem scharfen Dip verzehrt. Die
runden (oben) sind häufig mit
Zucker bestreut und ziemlich süß

lich zur Kugel formen, mit Öl einpinseln und unter einer mit heißem Wasser ausgespülten Schüssel ruhen lassen.

Zum Ausziehen jeweils ein etwa tischtennisballgroßes Stück abnehmen, noch einmal gründlich durchwalken und schließlich mit den Händen so dünn wie nur möglich auseinanderziehen. Man sollte die sprichwörtliche Zeitung durch den Teig hindurch lesen können!

Die Eier verquirlen, mit Fischsauce, Sojasauce und Sesamöl würzen. Zu einem sehr »rohen« Rührei stocken lassen, das heißt, es soll große Flocken bilden, die sehr feucht glänzen. Jeweils einen guten Eßlöffel davon in die Teigmitte setzen, den Teig darüber zusammenschlagen, dabei ein Quadrat formen und mit Öl einpinseln. Diese Tasche auf beiden Seiten golden braten.

Dazu schmecken scharfe Saucen und Dips, aber auch ein grüner Salat, der mit Fischsauce und Zitronensaft angemacht wurde.

Gemischte Gemüseplatte mit Austernsauce

Deutlich von der chinesischen Küche inspiriert, wo man gerne Gemüse mit Meeresduft parfümiert und deshalb mit Austernsauce zubereitet. Die kleinen Bröckchen in der Sauce stammen von zerkrü-

meltem Sojabohnenkäse (Tofu), der wegen seiner Konsistenz und dank seines hohen Eiweißgehalts sehr geschätzt wird.

Für vier Personen:

8–10 schöne Tongu-Pilze,
¼ l Hühnerbrühe, 1 EL Sojasauce,
1 EL Reiswein, 100 g Sojabohnenkäse,
2 EL Austernsauce, ½ TL Zucker, ca.
500 g gemischtes Gemüse: grüner
Spargel, zarte Maiskölbchen, Brokkoli,
Blumenkohl und Möhren, Salz

Die getrockneten Pilze mit wenig kochendem Wasser überbrühen und eine halbe Stunde einweichen. Den Stiel herausschneiden und wegwerfen. Die Pilzhüte mit dem durch ein Sieb gefilterten Einweichwasser, der Hühnerbrühe, Sojasauce und Reiswein aufsetzen. Diese Flüssigkeit um die Hälfte einkochen, die Pilze während dieser ganzen Zeit mitköcheln. Schließlich herausnehmen. Stattdessen den zerkrümelten Sojabohnenquark und die Austernsauce in den Topf rühren. Einige Minuten köcheln, mit Zucker abschmecken und wenn nötig mit einem Schuß Wasser verdünnen. Als Sauce über die mundgerecht zugeschnittenen, blanchierten oder kurz im Wok in etwas heißem Öl pfannengerührten Gemüse gießen.

Krabbennudeln mit Sojakeimen

(Photo auf der nächsten Seite)

• ———— •

Dafür braucht man eine spezielle Nudelsorte, die mit dem Extrakt von getrockneten Krabben oder Fisch hergestellt ist. Deshalb duften sie ganz zart und angenehm nach Meer. Man kann sie in Asien-Shops kaufen. Wenn nicht – nehmen Sie normale thailändische oder chinesische spaghettifeine Weizennudeln aus dem Asienladen und würzen Sie einfach mit einer Spur Garnelenpaste mehr als im Rezept angegeben.

Übrigens müssen asiatische Nudeln, sofern sie getrocknet sind (und frische gibt es ohnehin nur ganz selten), vor dem Verarbeiten stets mit kochendem Wasser überbrüht und fünf bis zehn Minuten eingeweicht werden. Richtiges Kochen ist nicht nötig, sogar gefährlich, weil die Nudeln dadurch leicht zu weich werden. Man läßt nach dem Einweichen nur abtropfen und verwendet sie, wie im Rezept angegeben. Zum Beispiel als Salat, zum Pfannenrühren oder als sättigende Suppeneinlage.

• ———— •

Gemischte Gemüseplatte mit Austernsauce. Dafür kann man die Gemüse blanchieren oder pfannenrühren. Die Sauce mit Tofustückchen wird getrennt davon zubereitet

Für zwei Personen:

*100 g Krabbennudeln, 300 g Sojakeime,
1 weiße Zwiebel, 4 grüne Chilischoten, je
1 TL gehackter Ingwer und
Knoblauch, 1 EL Öl, 1 TL Sesamöl,
½ TL Salz, ½ TL Shrimppaste, 1 TL gelbe
Curry-Paste (Rezept Seite 20),
1 EL Fischsauce, 2 EL Wasser oder
Brühe, chinesischer Schnittlauch
oder Koriandergrün*

Die Nudeln mit kochendem Salzwasser überbrühen und 10 Minuten einweichen, dann abgießen, abbrausen und abtropfen lassen. Inzwischen die Sojakeime waschen und verlesen. Die Zwiebel in schmale Segmente schneiden. Die Chilischoten entkernen und nur grob in Stücke schneiden.

Im Wok beide Ölsorten erhitzen. Ingwer und Knoblauch darin schwenken. Die Sojakeime zufügen und ein paar Sekunden unter Rühren braten. Dabei die Zwiebeln und Chilis zufügen. Die Nudeln vorsichtig entwirren und in den Wok geben. Mit der Bratschaufel rührend herumwirbeln. Mit Zucker bestreuen, salzen und pfeffern. Die restlichen Zutaten in einem Schälchen verquirlen, in den Wok gießen. Einmal aufkochen, dabei alles gründlich durcheinanderrühren. Zum Schluß feingeschnittenen Schnittlauch oder Koriandergrün darüberstreuen.

Chinesischer Schnittlauch. Er ist flach, erinnert mehr an die Verwandtschaft mit dem Lauchgemüse, als man das vom heimischen Schnittlauch kennt, und duftet intensiv nach Knoblauch. Deshalb wird der Samen hierzulande als *Schnittknoblauch* verkauft

Fisch

Einfach unwirklich, diese Farben! Strahlend türkisfarbenes Wasser, das sich weit hinten am Horizont mit dem hellen Blau des Himmels mischt und im Unendlichen verliert. Im Vordergrund der makellose, blendend weiße Sand, in den eine Palme mit ihren gefiederten Wedeln dekorative Schatten zeichnet, die sich mit einer kleinen Brise sanft bewegen – man fühlt sich wie im Paradies!

»Hungry, Ma'am?« fragt der Sohn des Hauses, »Like s'mething t' eat?« Ich liege faul in einem Liegestuhl, der für meine Größe entschieden zu kurz ist, meine Beine ragen sicher höchst lächerlich in die Höhe. Hungrig wäre übertrieben. Aber … wer könnte bei diesem herrlich frischen Meeresgetier widerstehen? Für Fischliebhaber ist Thailand ein Traum. Man kann aus einer solchen Vielfalt aussuchen, sich so unbeschwert die feinsten Krustentiere gönnen, wie man es sich an-

Kunstvoll geschichtet: getrocknete Fische

derswo nicht leisten könnte. Es herrscht hier ein Überfluß an Meeresfrüchten, wie er sonst kaum irgendwo zu finden ist.
Und diese Frische! Von meinem Liegestuhl aus beobachte ich den jungen Mann, wie er zum Wasser hinuntergeht. Die Flut ist ihm entgegengekommen, bis zur Hüfte steht er im Wasser und hebt eine Reuse empor. Voller Taschenkrebse. Ich kann sie vom Ufer aus erkennen.

Keine halbe Stunde später sitze ich bereits am Tisch. Meine Portion: Zwei mächtige Exemplare, mit kräftigen Scheren. Krebsrot und dampfend liegen sie auf einer Platte. Daneben eine etwa drei Zentimeter dikke Holzscheibe, quer durch einen mittelstarken Baum gesägt und ein stabiler Holzklöppel. Wozu? Es ist das nötige Werkzeug, mit dessen Hilfe ich dem Tier zuleibe rücken soll, das Hummerbesteck sozusagen. Und in der Tat, es funktioniert einfach prächtig: Ein trockener, kurzer Schlag – und die härteste Schale ist geknackt. Gegessen wird natürlich mit den Fingern, die zum Schluß mit einem jener herrlichen heißen Tücher gesäubert werden, mit denen man überall in Thailand begrüßt und wieder verabschiedet wird. Das Krebsfleisch ist kernig, saftig, einfach unglaublich gut, die Saucen sind würzig und wunderbar scharf – kurzum: Schöner kann es auch im Paradies nicht sein!

Tintenfisch mit Zwiebeln und gelben Chilis

Die gelben Chilis sind etwas milder als die roten oder grünen. Deshalb kann man sie auch großzügig verwenden – sie sind mehr Gemüse als ein Gewürz.

Für vier Personen:

800 g möglichst kleine Tintenfische oder Kalmare, 2 große, weiße Zwiebeln, je 1 EL gehackter Knoblauch und Ingwer, 4 Frühlingszwiebeln, 8 gelbe Chilis, 2 EL Fischsauce, 2 EL Austernsauce, 1 TL Zucker, Salz, Pfeffer

Die Tintenfische putzen: Falls noch vorhanden, die dünne lila Haut abstreifen, die Innereien aus dem Beutel ziehen, ihn gut ausspülen und schließlich quer in

Wenn die Fischer aufs Meer hinausfahren, schützen sie sich vor der gnadenlos sengenden Sonne, indem sie sich völlig vermummen. Das sieht geradezu unheimlich aus

mundgerechte Streifen schneiden. Die Tentakel (Fangarme) waschen, den Kopf mit Augen wegschneiden.
Die Zwiebel in schmale Halbringe hobeln, mit dem Knoblauch und Ingwer, dem in Ringe geschnittenen Weiß der Frühlingszwiebeln im heißen Öl unter Rühren scharf anbraten. Die schräg in

Stücke geschnittenen Chilis zufügen (wer die Schärfe fürchtet, entfernt säuberlich nicht nur die Kerne, sondern auch die wattigen Innenwände). Schließlich die Tintenfischringe mitbraten. Zwei Minuten auf starkem Feuer alles durcheinanderwirbeln. Dabei auch das in Stücke geschnittene Grün der Frühlingszwiebeln zufügen. Fischsauce, Austernsauce und einen guten Schuß Wasser angießen. Aufkochen und mit Salz und Pfeffer abschmecken.

72

Garnelen mit Strohpilzen

Die kleinen Tiefseegarnelen gibt es bei uns nur ganz selten frisch, beziehungsweise roh, in der Schale, tiefgefroren. Meiden Sie trotzdem die aus der Dose oder eingelegt in Lake aus dem Glas, es tut ihnen nicht gut, ein zweites Mal erhitzt zu werden. Man kann auch ruhig größere Garnelen nehmen und sie notfalls klein schneiden. Übrigens kann man im selben Sud auch in Stücke geschnittenes Fischfilet pochieren.

Für vier Personen:

1 Stück Ingwer (ca. 2 cm),
½ Tasse Tamarindenwasser (Seite 127),
2 El. Fischsauce, 1 El Zucker,
3 Schalotten, 5 schwarze Pfefferkörner,
1 Tl. Garnelenpaste, 2 Frühlingszwiebeln,

73

Garnelen mit Strohpilzen, Maiskölbchen und Frühlingszwiebeln in zart säurlichem Sud. Als Tischwürze gehört *Nam Plaa* mit Chilis dazu

eine kleine Handvoll junge Maiskölbchen, ½ Dose Strohpilze, 250 g ausgelöste kleine Garnelen

Ingwer, Tamarindenwasser, Fischsauce, Zucker, geschälte Schalotten, Pfefferkörner, Garnelen und ¼ l Wasser im Mixer pürieren. Aufkochen, den in Ringe geschnittenen weißen Teil der Frühlingszwiebeln, Mais und Pilze zufügen. Fünf Minuten leise köcheln, bevor die entdärmten Garnelen hinzukommen. Weitere fünf Minuten auf mildem Feuer ziehen lassen. Das Frühlingszwiebelgrün hineinrühren und im Sud servieren.

74

Pfannengerührte Meeresfrüchte

Eine Mischung aus Garnelen, Kalmaren, Muscheln und Fischfilet – so, wie man sie gerade auf dem Markt bekommen kann. Ein Trick, damit die Kalmare *(Squid)* schön zart werden: Ihren Körperbeutel in mundgerechte Bissen schneiden, die Außenseite jeweils mit einem sehr scharfen Messer mit eng nebeneinander gesetzten parallelen Schnitten einkerben, genau solche Schnitte um 90 Grad versetzt anbringen, so daß sich die Schnitte kreuzen – dadurch entsteht nicht nur ein hübsches Muster (wie auf dem Photo deutlich zu sehen), es wird dadurch auch die Textur der oft ganz schön bißfesten Tintenfische aufgeschlossen – die Stücke werden zart und lassen sich jetzt wunderbar kauen und mit Genuß verspeisen.

Für vier Personen:

1 EL getrocknete Wolkenohrpilze, insgesamt 800 g gemischte Meeresfrüchte, je 2 EL gehackter Knoblauch und Schalotten, 1 EL gehackter Ingwer, 1 EL Öl, 3–5 grüne Chilischoten, 4 Frühlingszwiebeln, 1 EL Fischsauce, 1 EL Austernsauce, Zitronensaft, Salz, Pfeffer, 1 TL Zucker

Die Pilze mit einer halben Tasse kochendem Wasser überbrühen und einweichen. Das Meeresgetier waschen, putzen, wenn nötig klein schneiden oder einkerben, wie oben beschrieben. Knoblauch, Schalotten und Ingwer im heißen Öl anrösten, die Chilis und das Weiße der Frühlingszwiebeln zufügen. Die vorbereiteten Meeresfrüchte auf starkem Feuer mitschwenken. Erst, wenn sie alle ihre rohe Farbe verloren haben, die eingeweichten Pilze mitsamt Wasser, Fischsauce und Austernsauce zufügen.

Aufkochen, mit Zitronensaft, Salz, Pfeffer und Zucker würzen und abschmecken. Zum Schluß das Frühlingszwiebelgrün und, wenn vorhanden, frische Korianderblätter oder asiatisches Basilikum darüberstreuen.

Tip: Gut schmecken die pfannengerührten Meeresfrüchte auch mit Nudeln vermischt – einfach eingeweichte Reis- oder Weizennudeln zum Schluß zufügen und mitwirbeln lassen.

Ein buntes Durcheinander: Pfannengerührte Meeresfrüchte mit Chilis und Frühlingszwiebeln. Man kann dafür nehmen, was man gerade auf dem Markt findet, natürlich auch Fischstücke und Muscheln

Rotes Garnelen-Curry

• ———•——— •

Eine Art Grundrezept: Wie hier Garnelen verarbeitet werden, kann man natürlich auch andere Meeresfrüchte, Muscheln oder Fischstücke zubereiten. In jedem Fall ist das Gericht im Handumdrehn fertig, sobald man die Zutaten vorbereitet und klein geschnitten hat. Natürlich kann man auch mit den Gemüsen, die man mitschwenkt, variieren – je nach Jahreszeit und Vorrat. Stets wichtig: Frische Kräuter! ———————

•———•——— •

Für vier Personen:

1 Stück Ingwer, 1 Knoblauchzehe,
1 Schalotte, 1 EL Öl, 10 Strohpilze,
10 kleine Maiskölbchen, Salz, Pfeffer,
1 EL rote Currypaste (Rezept Seite 19),
2 EL Fischsauce, 1 TL Zucker,
1 EL Austernsauce, ⅛ l Wasser,
250 g ausgelöste Garnelen, Basilikum,
Koriander, Zitronenblatt

Ingwer, Knoblauch und Schalotte, jeweils sehr fein gehackt, im Öl anbraten, ohne jedoch zu bräunen. Deshalb muß das schnell vor sich gehen, auf starkem Feuer zwar, aber unter ständigem Rühren. Pilze und Mais zufügen, salzen und pfeffern. Zwei Minuten im heißen Wok schwenken und mit der Bratschaufel um-

Garnelenschwänze in einer aromatischen, scharfwürzigen Sauce aus roter Currypaste. Mit Maiskölbchen und asiatischem Basilikum

herwirbeln. Schließlich Currypaste, Fischsauce, Zucker, Austernsauce und Wasser verquirlen und angießen. Etwa fünf Minuten köcheln, die Garnelen zufügen und auf ganz kleinem Feuer weitere fünf Minuten ziehen lassen, bis sie zwar gar sind, aber immer noch etwas glasig wirken. Den Curry nochmals abschmecken und großzügig mit ganzen oder nur grob zerzupften Basilikumblättern, Koriandergrün und Zitronenblättern bestreuen.

76

Die jungen Fischer wirken in ihren bunten Booten mit
den fröhlichen Farben heiterer, als ihr Alltag in
Wirklichkeit ist: Ihre Arbeit in der glühenden Hitze
einer unbarmherzigen Sonne ist nicht leicht

Muscheln mit Zitronengras

(Photo rechts)

•————•————•

Die Miesmuscheln im Pazifik sind nicht einfach schwarz, wie wir das in Europa kennen, sondern bildschön: Ihre schwarze Schale ist umsäumt von einem unglaublich leuchtenden grünen Rand. Das sieht hinreißend aus, vor allem wenn man die Muscheln, wie auf dem Photo rechts, auf einem Lotusblatt serviert. Im Geschmack sind sie nicht sehr verschie-

Links: Auf den Märkten werden die rohen Muscheln auch geöffnet vorgeführt. Damit man nicht die Katze im Sack kaufen muß. Übrigens kann man sie durchaus auch roh, beträufelt mit etwas Zitronensaft genießen

den von europäischen Varietäten, deshalb kann man sie getrost durch hiesige Muscheln ersetzen. Besonders gut sind die kleinen Muscheln aus Bouchot.

•————•————•

Für vier Personen:

2 kg Miesmuscheln, ½ l Wasser,
4 Schalotten, 2 Stengel Zitronengras,
2 EL Fischsauce, Salz, Pfeffer,
4 Zitronenblätter

Die Muscheln gründlich waschen, in mehrmals gewechseltem Wasser durchspülen, damit aller Sand herausgelöst wird. Bereits geöffnete Muscheln herauslesen und wegwerfen. Die übrigen mit einer Bürste abschrubben, die struppigen Bartfäden mit einem Messer herausziehen und entfernen.

Aus Wasser, gehackten Schalotten, in dünne Scheiben geschnittenem Zitronengras und Fischsauce einige Minuten lang einen Sud köcheln. Die Muscheln zufügen und zugedeckt etwa fünf Minuten auf starkem Feuer kochen. Salzen, pfeffern, die in Stücke gerissenen Blätter zufügen und neben dem Feuer weitere fünf Minuten ziehen lassen.

Muscheln, die sich bis jetzt nicht geöffnet haben, ebenfalls wegwerfen!

Man ißt die Muscheln am besten mit der Hand: Eine leere Muschel als Zange benutzen, mit der man das Muschelfleisch aus den Schalen herauszupft. Zu den mild gewürzten, fast naturell belassenen Muscheln schmeckt am besten Reis, der mit Ingwer, Knoblauch, Frühlingszwiebeln und Kräutern in etwas heißem Öl gebraten und mit reichlich winzig klein gewürfelten frischen Chilischoten geschärft wurde.

Der Sud wird durch ein Sieb gefiltert und in einem Teeschälchen dazu serviert.

Pfannengerührte Venusmuscheln

(Photo nächste Seite)

•————•————•

Kleine Venusmuscheln, Clams oder Vongole kann man bei uns immer öfter frisch in guten Fischgeschäften finden. Sie werden aus Italien oder Frankreich importiert. Und sie machen bei der Zubereitung viel weniger Arbeit als Miesmuscheln, die entsandet, gebürstet und entbartet werden müssen. Bei Venusmuscheln genügt es, sie ein paarmal in immer wieder frischem Wasser durchzuspülen. Man kann sie dann sofort in den heißen Wok werfen. Zum Beispiel nach diesem Rezept:

•————•————•

Rechts: Auf einem leuchtend grünen Lotusblatt angerichtet: Grüne Muscheln mit Zitronengras

Für vier Personen:

500 g glatte, kleine Muscheln
(z. B. Venusmuscheln), 2 Schalotten,
2 Knoblauchzehen, 2 cm Galgant,
1 cm Ingwer, 4 frische Chilischoten,
2 EL Öl, 1 TL rote oder gelbe Currypaste
(Rezept Seiten 19, 20), 2 EL Fischsauce,
etwas mehr als ⅛ l Wasser, Salz, Pfeffer,
1 Prise Zucker, eine kleine Handvoll
Basilikumblätter

Die Muscheln ausspülen. Die Schalotten,
Knoblauch, Galgant und Ingwer in winzig kleine Würfel schneiden. Die Chilischoten entkernen und in Stücke schneiden. In einem Wok, im heißen Öl, sekundenlang umherwirbeln und andünsten.
Die Currypaste zufügen und etwas mitrösten, bevor mit Fischsauce und Wasser
abgelöscht wird. Sobald die Currypaste
völlig aufgelöst ist, mit Salz, Pfeffer und
Zucker abschmecken. Jetzt erst die Muscheln zufügen. Zugedeckt eine Minute
kochen. Gründlich durchschwenken,
dann Muscheln, die sich noch nicht geöffnet haben, herauslesen und wegwerfen. Zum Schluß die vom Stengel gezupf-
ten Basilikumblätter unterrühren. Auf einer vorgewärmten Platte anrichten.
Als ein Gericht unter mehreren anderen
zum gekochten Reis servieren. Oder mit
eingeweichten Nudeln in der Pfanne auf
starkem Feuer bratend mischen und als
Tellergericht reichen.

Venusmuscheln gibt es in unzähligen Formen und
Farben. In Thailand kann man oft Leute beobachten,
die sehr konzentriert gesenkten Hauptes den Strand
entlang gehen und mit einer Art Rechen den Sand
bearbeiten. Auf diese Weise stöbern sie die in den
Sand eingegrabenen Muscheln auf. Den Städtern
werden sie auf dem Markt feilgeboten (Bild oben),
natürlich gleich mit den nötigen Kräutern und
Gewürzen, wie zum Beispiel Frühlingszwiebeln und
einem Stück Ingwerwurzel (Bild ganz oben)

Meeresschnecken mit gelben Chilis in Kokossauce

(Photo nächste Seite)

Die Vielfalt an Meeresfrüchten auf thailändischen Märkten ist einfach verblüffend. Allein an Schnecken, Muscheln und
anderen sogenannten Weichtieren gibt
es im asiatischen Meer so unglaublich
viele verschiedene, daß man sie unmög-
lich alle kennen kann. Für dieses Gericht
wurde eine Wellhornschneckenart verwendet, von denen es in den Meeren der
ganzen Welt auch wieder zahllose Varietäten gibt. In Thailand *Cheo* genannt, gelten sie als hervorragende Delikatesse.
Bei uns werden verwandte Schnecken
unter dem Namen *bulot* aus Frankreich
importiert. Sie werden zunächst einige
Minuten in Salzwasser gekocht, bevor
man sie aus ihrem gedrehten Schnecken-
haus ziehen kann – vorsichtig, damit sie
nicht zum Teil drin steckenbleiben.

Für vier Personen:

ca. 1 kg Meeresschnecken (bulots), Salz,
je 1 EL feingehackter Ingwer und
Knoblauch, 2 Schalotten, 2 EL Öl,
100 g Brokkoli, 1 EL rote Currypaste
(Rezept Seite 19), 1 TL Zucker,
¼ l dicke Kokossahne, 1 Handvoll gelbe
Chilischoten, 3–4 Stengel asiatisches
Basilikum, 2–3 Zitronenblätter

Pfannengerührte Venusmuscheln sind rasch
zubereitet und schmecken herrlich, zum Beispiel mit
Nudeln vermischt. Das Rezept beginnt auf Seite 79

Die Schnecken in eben aufwallendes
Salzwasser geben, langsam erneut zum
Kochen bringen und leise fünf Minuten
köcheln lassen. Im Sud abkühlen, dann
aus den Häuschen ziehen und in der inzwischen zubereiteten Sauce wieder erwärmen: Ingwer, Knoblauch und ebenfalls feingehackte Schalotten im heißen

81

Öl schwenken. Das geputzte und in Stücke geschnittene Gemüse zufügen, eine halbe Minute unter Rühren mitbraten, dabei salzen, damit die schöne grüne Farbe erhalten bleibt. Mit Zucker bestreuen und die Currypaste zufügen. Kurz mitrösten, bevor mit Kokossahne abgelöscht wird. Unter Rühren aufkochen, damit sich die Paste mit der Kokossahne cremig verbindet. Die entkernten, in Stücke geschnittenen Chilis und die Basilikumblätter einrühren. Die vorbereiteten Schnecken zufügen, alles nochmals auf starkem Feuer durchmischen und schließlich würzig abschmecken.

Photo oben: Die Kokossauce zu den Meeresschnecken schmeckt einfach unglaublich gut. Natürlich kann man sie auch für andere Meeresfrüchte vorsehen. Sie paßt ebenso zu Garnelen, Krabben oder Tintenfischstücken. Auch mit den Gemüsen kann man durchaus variieren: Eine Kohlart, die man in ganz Asien besonders gern und häufig ißt (Photo rechts). Sieht aus wie Raps, ist aber mehr dem Brokkoli verwandt. Die milden gelben Chilis kann man zur Not auch durch Paprika ersetzen

Eine Wissenschaft für sich: Krustentiere

Man kann die vielen verschiedenen Sorten nicht zählen, geschweige denn alle kennen. Zumal selbst unter Fachleuten Verwirrung herrscht. Was ist jeweils der Unterschied zwischen Garnelen, Shrimps oder Prawns? Es gibt welche aus Süßwasser, Salzwasser, kaltem oder wärmerem Gewässer, große, kleine und mittlere Exemplare. Viele Sorten haben nur jeweils lokale Bedeutung und auch auf die Gegend beschränkte Namen.

In unseren Gewässern werden höchstens Nordseekrabben oder Flußkrebse gefunden – da ist es nicht schwierig, die Übersicht zu behalten. In Asien sprechen die Speisekarten von *Prawns,* sofern es sich

Wenn die Männer morgens vom Fischfang heimkehren, stehen die Frauen schon bereit, um den Segen gleich zu verarbeiten. Die besten Qualitäten werden unverzüglich aussortiert, mit viel zerstoßenem Eis in große Körbe verpackt und zum Fischmarkt nach Bangkok losgeschickt. Dort erzielt man die besten Preise. Auch der Rest wird weiter durchsortiert und in die verschiedenen Körbe verteilt. Hier (Photo oben) werden gerade Tintenfische (Sepia) geschrubbt und gebürstet. Sie haben es tatsächlich nötig. Es sieht so aus, als ob manche der Tintenbeutel ausgelaufen seien und alles mit ihrem Farbstoff überzogen haben

um etwas größere Exemplare handelt, d.h., wenn die Schwänze größer als etwa 5 Zentimeter sind. Bei ganz stattlichen Sorten ist von *king prawns* die Rede. Und alles, was kleiner ist, heißt *Shrimps.* Das vereinfacht die Sache erheblich. Als Oberbegriff ist auch die Sammelbezeichnung *Garnele* richtig.

In Frankreich und Italien spielt der *Kaisergranat* (botanisch *Nephrops,* französisch *langoustine,* italienisch *scampo*) eine große Rolle und wird immer mit den Garnelen verwechselt. Ihr deutlich auszumachender Unterschied: Im Gegensatz zu den Garnelen mit ihrem schmal verlaufenden Schwanz, an dessen Unterseite die Füßchen in der Mitte versammelt sind, ist die Bauchseite der Scampi flach und breit, ähnlich wie bei den *Krebsen, Langusten* und *Hummern,* die wiederum, jeder für sich, eine weitverzweigte Familie bilden.

Wenn man für den eigenen Kochtopf einkauft, sollte man möglichst gute Qualität suchen. Die findet man am ehesten in interessierten Fisch- oder Feinkostgeschäften. Wichtig: Für diese Rezepte müssen die Garnelen *roh* sein. Man bekommt sie noch am ehesten tiefgekühlt. Dabei immer darauf achten, daß sie mit ihrer Schale eingefroren sind – ob mit oder ohne Kopf, ist oft von ihrer Gesamtgröße abhängig.

Auch die Scheren von Taschenkrebsen gibt es manchmal tiefgekühlt. Ansonsten werden auf unseren Märkten Taschenkrebse selten und kaum je lebend angeboten. Meist sind sie schon gekocht, und zwar zu lange, was ihr Fleisch bröselig und trocken geraten läßt. Deshalb sollte man sich nicht immer auf das im Rezept verlangte Krustentier versteifen, sondern lieber nehmen, was in guter Qualität zu finden ist, und das Rezept einfach entsprechend abwandeln.

83

Taschenkrebse oder Krabben

Auf thailändischen Märkten gibt es sie fast ausschließlich frisch und quicklebendig in unzähligen Variationen. Zum Beispiel, wie auf dem Photo links, Stück für Stück sorgfältig mit Bast verschnürt, damit sich die Tiere nicht mit ihren Scheren ineinander verhaken. Eine ganz schön mühevolle Arbeit. Trotzdem gelten Taschenkrebse gemeinhin als billiges, gewöhnliches Essen (außer bei uns, wo leider alles, was dem Meer entstammt, selten und deshalb teuer ist), weil nicht viel Eßbares an ihnen ist. Und weil es vielleicht ein wenig mühsam ist, an diesen genießbaren Teil zu gelangen. Dabei ist es doch ein herrliches Vergnügen, sich Stück für Stück vorzuarbeiten: Zunächst saugt man aus den Beinen, die man vom Körper bricht, das bißchen Fleisch heraus, das in ihnen steckt. Das meiste Fleisch bieten die Klauen. Und das Beste sind die Innereien, die freigelegt werden, wenn man den Krebs auseinanderbricht und so die Deckelschale entfernt. Um sie auf diese Weise zu essen, werden

Damit die lebendigen Taschenkrebse nicht wie wild durch die Gegend krabbeln, sind sie, jeder einzeln, mit Bast verschnürt. Ein solcher Stapel am Fischstand sieht natürlich eindrucksvoll aus

Taschenkrebse entweder in Salzwasser gekocht – je nach Größe zwischen 5 bis 20 Minuten – oder gedämpft. Dabei bleibt noch mehr vom eigenen Saft erhalten, der sonst ins Kochwasser fließt. Manche Arten haben übrigens eine so

Service wird in Thailand groß geschrieben. Selbst für die eilige Hausfrau ist bestens gesorgt: Die wichtigsten Gewürze, Dips und Saucen werden bereits fix und fertig angeboten, portionsgerecht in kleine Plastikbeutel abgefüllt

weiche Kruste, daß man sie nach dem Fritieren mitsamt ihrer in heißem Fett herrlich knusprig gewordener Schale essen kann.

Weitere Möglichkeiten: Um ihr Fleisch auszulösen, muß man die Tiere nur ganz kurz in kochendes Wasser werfen, um sie so schnell wie möglich zu töten. Die »humanste« Art hat übrigens Professor Dr. John R. Baker von der Oxford-Universität in zwei Jahre langer Forschungsarbeit herausgefunden: Zunächst muß man den Tieren in einer schwachen Salzlösung ei-

nen Elektroschock versetzen, der sie in Ohnmacht fallen läßt. Anschließend spüren sie gar nicht mehr, daß sie ins heiße Wasser gelangen ...

Der Herr Professor soll dies übrigens ernst gemeint, gottlob aber keine Steuergelder für diese Untersuchungen verwendet, sondern seine private Zeit dafür geopfert haben.

Das Fleisch wird schließlich mit Gewürzen, Kräutern und Gemüsen vermischt wieder zurück in die Schale gefüllt und überbacken. Oder in Stücke gehackt auf chinesische Art pfannengerührt.

In Thailand macht man sich jedoch keine Gedanken darüber, ob die Meerestiere auf humane oder weniger liebevolle Weise in den Kochtopf gelangen – trotz der Vorschrift Buddhas, kein Tier zu töten oder zu quälen. Die Thais halten es daher wie die Chinesen: Sie spalten zum Beispiel Riesengarnelen mit dem Küchenbeil längs auf, bevor sie sie auf den Rost über glühende Holzkohle betten. Dann sind sie auf jeden Fall tot, und das Fleisch ist völlig unversehrt, noch nicht mit Hitze in Berührung gelangt und dadurch womöglich koaguliert – ein Umstand, der auf alle Fälle garantiert, daß das Fleisch saftig bleibt.

Die Schwänze der Riesengarnelen und Bärenkrebse werden vor dem Grillen längs aufgeschlitzt, so kann das Fleisch gleichmäßig garen. Taschenkrebse werden jedoch besser im Dampf gegart, ihr Fleisch bleibt dann saftiger

Für vier Personen:

etwa 10 frische rote, gelbe und grüne Chilis, 5–10 winzige Vogelaugenchilis, 2 cm Galgantwurzel, 10 Knoblauchzehen, 5 Schalotten, 2 EL Öl, 2 EL Palm- oder brauner Zucker, 3–4 EL Fischsauce, Saft von 1–2 Zitronen
Außerdem:
Je nach Größe vier bis acht Taschenkrebse, 4 Bärenkrebse, 4 Riesengarnelen

Die Chilis allesamt entkernen, mit dem geschälten Galgant, Knoblauch und Schalotten grob in Stücke hacken und im heißen Öl rösten. Dabei soll soviel Hitze einwirken, daß alles sanft bräunt und richtig weich wird. Zucker, Fischsauce und Zitronensaft zufügen. Alles im Mixer oder Mörser zu einer dicken Paste zerkleinern. Die soll sehr scharf, aber auch angenehm säuerlich und süß schmecken. Als Dip zu den gedämpften, gegrillten oder gebratenen Krustentieren servieren. Welche man wie zubereitet, ist im Prinzip Geschmackssache. Wichtig ist stets, daß man sie nicht zu lange einer zu hohen

Geröstete Chilisauce zu Krebsen und Garnelen

Wer keine ungekochten Taschenkrebse kaufen kann, nimmt lieber eine große Garnelenart. Diesmal aber unbedingt mit Kopf. Auch die Innereien und der Saft sind zum Wohlgeschmack unbedingt nö-
tig. Statt der hier seltenen Bärenkrebse mit ihrem breiten, flachen Schwanz, kann man natürlich auch Riesengarnelen, Langusten oder Hummer verwenden. Die Sauce ist herrlich würzig und paßt auch zu allen anderen gebratenen, gegrillten oder gekochten Fischen und jeder Art von Meeresfrüchten.

Die weiblichen Schwimmkrabben sehen, wie so oft in der Tierwelt, etwas unscheinbarer als die männlichen (Photo unten) aus: Sie sind bräunlich und tragen weiße Punkte. Dafür sind sie ihrer leuchtend orangefarbenen Eier wegen höchst begehrt, die man als Delikatesse schätzt. Man nimmt sie zum Pfannenrühren, mit Gemüsen und Kräutern, zum Binden von Suppen oder für Salate

Die männlichen Schwimmkrabben wirken prächtig und farbenfroh: Auf bläulich schimmernden Panzer leuchten weiße Punkte

Hitze aussetzt. Sonst wird ihr Fleisch trocken. Riesengarnelen, auch Hummer und Langusten, Krustentiere mit großem Schwanz also, schlitzt man besser rücklings auf, bevor man sie auf den Grillrost legt. So läßt sich bequem der schwarze Darm entfernen, und die Hitze dringt gleichmäßig ein. Aber: In diesem Fall nicht drehen und wenden, weil sonst der kostbare Saft herausläuft.

wasser tauchen. Dann mit einem Küchenbeil längs halbieren. Die Schnittfläche mit Öl einpinseln. Diese Seite zuerst auf die gut vorgeheizten, ebenfalls eingeölten Grillstäbe legen. Nach bereits einer Minute umdrehen. Jetzt sollte die Oberfläche durch die Hitze versiegelt sein und sich Spuren der heißen Grillstäbe eingezeichnet haben. Die Bärenkreb-

Wie überall auf der Welt gelten auch in Thailand Langusten als etwas Besonderes – trotz des Reichtums an Meeresfrüchten

Bären- oder Steinkrebse

Sie haben einen kurzen, flachen Schwanz und einen vergleichsweise großen Körper – deshalb gelten sie als nicht besonders wertvoll. Dabei schmecken sie ebenso gut wie die erheblich teureren Langusten (kleines Photo), bei denen eben der eßbare Anteil einfach größer ist. Wichtig ist, daß auch die gelben Innereien der Bärenkrebse köstlich schmecken, man den Körper also aussaugen und mit einem Löffel auskratzen und

nicht einfach unbeachtet wegwerfen sollte. Am allerbesten schmecken sie vom Grill, und zwar auf folgende Weise zubereitet:

Für vier Personen:

4–6 Bären- oder Steinkrebse (auf die gleiche Weise lassen sich natürlich auch Langusten zubereiten), Salz, 2 EL Öl

Falls die Krebse noch leben, sie kopfüber für Sekunden in kochendes Salz-

se jetzt noch etwa 10 bis 20 Minuten in etwas größerer Entfernung von der Glut im eigenen Saft, der sich nunmehr in der Schale sammelt, garziehen lassen.
Mit den Fingern verspeisen. Dazu passen Geröstete Chilisauce (Rezept Seite 86) und mit viel Zitronensaft und reichlich Chilis gewürztes *Nam plaa* (Seite 20).

Riesengarnelen in roter Currysauce

In diesem Fall ist es wichtig, daß die Garnelen mitsamt ihren Köpfen verarbeitet werden. Denn die Innereien und der Körpersaft geben der Sauce ihr spezielles Aroma. Die Köpfe werden daher nicht einfach beiseite gelegt, sondern mit Genuß und Vergnügen ausgesogen.

Für vier Personen:

10–12 Riesengarnelen (je nach Größe), 2 EL Öl, 1 TL Sesamöl, Salz, Pfeffer, 2 Schalotten, 4 Knoblauchzehen, 2 cm Ingwerwurzel, 2–4 rote Chilis, 1 EL rote Currypaste, ½ TL Garnelenpaste, ca ¼ l Kokossahne, 2 EL Fischsauce, Zitronensaft zum Abschmecken, 3–4 Zitronenblätter

Die Garnelen abspülen, den Schwanz soweit schälen, daß sein Fleisch freiliegt, die Spitze jedoch noch von Schale verhüllt ist, und den Darm entfernen. Die Garnelen im heißen Öl eine Minute lang anbraten, dabei salzen und pfeffern. Herausheben und auf einem Teller beiseite stellen. Im Bratfett die sehr fein gehackten Schalotten, Knoblauchzehen und Ingwerwurzel andünsten. Die entkernten und ebenfalls sehr fein gewürfelten Chi-

Riesengarnelen in roter Currysauce. Die Köpfe geben der Sauce ihr Aroma

lis zufügen (wer sich vor Schärfe fürchtet, reduziert die Menge entsprechend). Currypaste, Garnelenpaste und Kokossahne miteinander verquirlen, dabei die Pasten auflösen. In die Pfanne gießen, aufkochen. Mit Fischsauce, Zitronensaft und Zucker abschmecken. Etwa fünf Minuten köcheln, bis sich alles gut verbunden hat. Die Riesengarnelen in dieser Sauce weitere fünf Minuten ziehen lassen und zum Schluß mit fein geschnittenem Zitronenblatt bestreuen.

Kleine Garnelen, roh, mit Schale, wie sie auf dem Markt angeboten werden.

89

Reisnudeln mit Garnelen und Wirsing

(Photo links)

• —————•————— •

Auf diese Weise zubereitete Nudeln sind in Thailand besonders beliebt. Das Grundrezept wird immer wieder abgewandelt, andere Gemüse, dann wieder die verschiedensten Meeresfrüchte dafür verwendet. Häufig werden sogar Fisch und Fleisch miteinander verarbeitet.

• —————•————— •

Für vier Personen:

200 g Reisnudeln, 250 g geschälte Garnelen, ½ TL Speisestärke, 2 EL Öl, 1 TL Sesamöl, je 1 gehäufter EL feingehackter Ingwer, Knoblauch und Schalotte, 2 Handvoll in Stücke geschnittener Wirsing oder Chinakohl, Salz, 1 EL Sojasauce, 1 EL Fischsauce, 1 Prise Zucker, eine knappe Tasse Gemüse- oder Hühnerbrühe

Die Nudeln mit kochendem Wasser übergießen und einweichen, bis alles übrige erledigt ist: Die Garnelen entdärmen, wenn sie sehr groß sind, längs halbieren, möglicherweise sogar nochmals quer durchschneiden. Mit der Stärke überpudern und diese gut einmassieren. (Dadurch bekommt das Fleisch beim Braten eine samtigere Konsistenz.)

Im heißen Öl (beide Sorten mischen) auf starkem Feuer eine halbe Minute anbraten, dabei mit etwas Ingwer, Knoblauch und Schalotte bestreuen sowie salzen. Herausheben und beiseite stellen. Restlichen Ingwer, Koblauch und Schalotte sowie den Wirsing im Wok herumwirbeln lassen. Sofort salzen, damit das Grün erhalten bleibt, und mit Sojasauce, Fischsauce und Zucker würzen. Die Brühe angießen, aufkochen. Schließlich die angebratenen Garnelen und die Nudeln zufügen. Alles auf starkem Feuer mischen.

Eingelegte Meeresspinnen

(Photo rechts oben)

• —————•————— •

Man nennt sie auch *Gottesanbeterinnen*, in Italien heißen sie *Sparnochie*, auf Englisch *mantis shrimps*. Sie schmecken herrlich, einfach in Salzwasser kurz pochiert und in *Nam plaa* gestippt. In Thailand schätzt man sie mariniert:

• —————•————— •

Für vier Personen:

20 schöne Meeresspinnen, ¼ l Fischsauce, 3 EL Palm- oder brauner Zucker

Die Meeresspinnen gründlich waschen und auf eine dicke Lage Küchentuch gebreitet gut trocknen lassen.

Inzwischen Fischsauce und Zucker aufkochen, bis aller Zucker völlig aufgelöst ist. Abgekühlt über die in ein sauberes Einmachglas geschichteten Meeresspinnen gießen. Sie müssen absolut bedeckt sein. Bei Zimmertemperatur drei Tage ziehen lassen. Bevor serviert wird, kalt stellen. Dazu Zitronenschnitze und frische Chilis reichen.

Grünes Gemüse – sieht aus wie Raps, schmeckt eher wie Brokkoli

Garnelen mit grünem Spargel

(Großes Photo rechts)

• ──────•────── •

Eine Zubereitungsart, die von den Chinesen abgeschaut wurde. Die Garnelen werden ganz einfach pfannengerührt.

Auch wird eher chinesisch mild als thailändisch scharf gewürzt. Statt grünen Spargel kann man auch jedes andere Gemüse verwenden.

• ──────•────── •

Für vier Personen:

400 g Garnelen, 1 TL Speisestärke,
2 EL Öl, 1 EL Sesamöl, je 1 EL
feingehackter Ingwer und Knoblauch,
2 Schalotten, 400 g grüner Spargel,
Salz, Zucker, 1 EL Sojasauce,
1 EL Fischsauce, ca. ⅛ l Hühnerbrühe

Die Garnelen aus der Schale lösen – das Schwanzende jeweils dranlassen – und entdärmen. Die Stärke einmassieren. Die Garnelen schließlich im heißen Öl rasch unter Rühren anbraten, dabei mit etwas Ingwer und Knoblauch bestreuen. Herausheben und beiseite stellen. Restlichen Ingwer und Knoblauch in den Wok streuen sowie die feingehackte Schalotte. Den geputzten, wo nötig auch geschälten und in Stücke geschnittenen Spargel zufügen. Etwa eine Minute im heißen Wok herumwirbeln, sofort jedoch salzen, damit das schöne Grün erhalten bleibt. Mit Zucker, Sojasauce und Fischsauce abschmecken. Die Brühe angießen und sprudelnd aufkochen lassen. Schließlich die Garnelen wieder zufügen. Alles auf starkem Feuer unter Rühren durcheinanderwirbeln und mischen. Sofort auf einer vorgewärmten Platte anrichten und servieren.

Tip: Die Garnelenschalen nicht einfach wegwerfen. Sie sind immer noch für ein Würzkonzentrat gut, mit dem man zum Beispiel einem Gemüsegericht einen Hauch von Meeresduft verleiht. Dafür die gewaschenen Schalen in etwas Öl scharf anrösten, dabei Knoblauch, Ingwer und einige getrocknete Chilischoten

Zu den kleinen Photos: Grüner Spargel ist auch in Thailand ein beliebtes Gemüse. Obwohl er dort in großen Mengen angebaut wird, entspricht er noch eher der Wildform als die Sorten, die wir bei uns kennen: Die Stangen sind viel dünner, von noch intensiverem Grün und auch würziger im Geschmack. Der Spargel wird nicht gekocht, wie bei uns üblich, sondern lieber in etwas Öl pfannengerührt. So bleibt die schöne Farbe leuchtend und der Biß knackig

zufügen. Falls man hat, auch das dunkle Grün vom Zitronengras, das man sonst wegwerfen würde, auch Wurzelwerkstücke, wenn sie zur Hand sind. Alles kleingehackt mitrösten. Schließlich mit Wasser bedecken und einkochen. Erneut mit Wasser auffüllen und wie einen Saucenfond nochmals um die Hälfte reduzieren. Durch ein Sieb filtern. Für den Vorrat in Eiswürfelbehältern einfrieren. Im Kühlschrank hält sich der Sud eine Woche frisch. Man nimmt ihn für die Sauce zu Fisch-, Nudel-, Reis – oder Gemüsegerichten.

Bildschön angerichtet und liebevoll geschmückt:
Garnelen in grüner Kokossauce, mit viel hauchfein
geschnittenem Zitronenblatt. Garniert wurde mit
akkurat zugeschnittenen Rhomben von roten, gelben
und grünen Chilis und einem Basilikumzwerg

94

Garnelen in grüner Kokossauce

Man braucht hierfür den ersten Aufguß von etwa einer ganzen frisch geraffelten Kokosnuß. Und zwar zunächst die ganz dicke Sahne, die sich oben absetzt, wenn man sie stehen läßt, später auch die etwas dünnere Milch. Wer dehydrierte Kokosmilch verwendet, läßt sie nach dem Anrühren ebenfalls stehen. Auch dabei setzt sich oben die dicke Sahne ab, die für dieses Rezept nötig ist. Allerdings dauert das erheblich länger als bei frisch zubereiteter Kokosmilch: Man muß mit gut zwei Stunden rechnen.

Für vier Personen:

1 Schalotte, 2 Knoblauchzehen,
2 cm Galgant, 1 cm Ingwerwurzel,
2–3 frische Chilischoten,
⅛ l dicke Kokossahne,
1 EL grüne Currypaste
(Rezept Seite 20), 1 Stück
Kaffirzitronenschale, 500 g Garnelen,
¼ l Kokosmilch, 2 EL Fischsauce,
1 TL Zucker, 2 EL Zitronensaft,
asiatisches Basilikum, Korianderblätter,
Zitronenblätter

Schalotte, Knoblauch, Galgant, Ingwer und entkernte Chilis sehr fein hacken, besser noch im Mörser oder Mixer zu einer Paste zerkleinern. Die Kokossahne im Wok kochen, bis sich oben ihr Fett absetzt. Dieses Fett abschöpfen, die restliche Flüssigkeit zur Kokosmilch geben, die erst später verwendet wird. Ins Kokosfett die Schalotten-Knoblauch-Ingwer-Paste sowie die grüne Currypaste und die Zitronenschale hineinrühren und auf mittlerem Feuer köcheln beziehungsweise braten. Dabei geduldig rühren, bis sich alles zu einer dicken, intensiv duftenden Sauce verbunden hat.

Hausfrauen in Thailand müssen sich nicht der Mühe unterziehen, die für die Herstellung von Kokosmilch nötigen Kokosnüsse eigenhändig zu knacken und zu raspeln. Das erledigen schon die Händler auf dem Markt. Mit dem Hammer rücken sie der haarigen Nuß zu Leibe, um an das Fleisch zu gelangen. Und für das Raspeln gibt es eine spezielle Maschine. Sie sieht zwar ziemlich altertümlich aus, funktioniert aber prima

Die geschälten und entdärmten Garnelen zufügen. Nach und nach die dünnere Kokosmilch angießen. Alles langsam aufkochen. Die Garnelen sind in einer, höchstens in zwei Minuten gar. Die Sauce schließlich mit Fischsauce, Zucker und Zitronensaft abschmecken. Zum Schluß reichlich frische, nur grob zerzupfte Kräuter sowie feingeschnittene Zitronenblätter in die Sauce rühren.

Tip: Die Kokossahne dämpft die Schärfe – deshalb kann man ruhig mit der Currypaste großzügig umgehen.

95

Gegrillter Tintenfisch

Für dieses Rezept ist es ziemlich egal, ob man Sepia oder Kalmare verwendet. Bei uns hat man ohnehin nur selten die Wahl. Entweder gibt es das eine oder andere. Der Unterschied ist auch weder im Geschmack noch in der Textur besonders groß: Die *Sepia* haben einen eher runden Körperbeutel und kurze Tentakel, während die *Kalmare* langgestreckt sind und lange Fangarme besitzen. Beide sind, bevor sie geputzt werden, von einer dünnen Haut überzogen, die schwärzlich (Sepia) oder hellviolett wirkt (Kalmar). Man kann sie ganz leicht abziehen. Die Fangarme lassen sich mit Kopf und Innereien einfach aus dem Körper ziehen. Im Inneren steckt außerdem eine feste Kalkschale, die man entfernen muß. (Es ist übrigens das gleiche Material, das man Vögeln in den Bauer hängt, damit sie ihre Schnäbel daran wetzen.)

Der Körper wird gründlich ausgespült. Kopf und Innereien schneidet man unter den Fangarmen ab und wirft sie weg. Alles übrige kann man essen und schmeckt herrlich. Zum Beispiel pfannengerührt, mit Gemüse und Kräutern (nach dem Rezept für Garnelen mit grünem Spargel auf Seite 92) oder als Currygericht (nach dem Rezept für das Rote Garnelen-Curry von Seite 76) oder wie in folgendem Rezept mariniert und dann auf dem Holzkohlenrost gegrillt. Ein wunderbarer Imbiß zum Empfangsschluck, wenn Sie im Sommer Gäste haben, die Sie im Garten oder auf dem Balkon begrüßen können.

Für vier bis sechs Personen:

ca. 500 g Kalmare oder Sepia,
4–5 frische rote Chilischoten,
4 Knoblauchzehen,
2 Schalotten,
je 2 cm Ingwer und Galgant,
1 Stück Zitronengras,
2 EL Zucker,
2 EL Fischsauce, 1 EL Sojasauce,
Saft einer Zitrone

Die Tintenfische gründlich säubern und putzen. Je nach Größe nur längs halbieren oder die Körperbeutel in mundgerechte Stücke schneiden. Diese wie auf Seite 74 beschrieben kreuzweise einkerben.

Für die Marinade die entkernten Chilischoten, Knoblauch, Schalotten, Ingwer, Galgant und Zitronengras sehr fein hakken. Mit dem Zucker, der Fischsauce, Sojasauce und Zitronensaft aufkochen, bis der Zucker geschmolzen ist. Abgekühlt über die vorbereiteten Tintenfischstücke gießen. Sie sollten mindestens einen halben Tag darin ziehen, in dieser Zeit immer wieder gedreht und gewendet werden. Schließlich auf Bambusspießchen stecken und über Holzkohle grillen.

Fleisch

Eigentlich hätte es ein großartiges Ereignis sein können: Ein prächtiges Bankett in Chieng Mai, der großen Stadt im Norden Thailands. Der Saal war feierlich geschmückt. An riesigen runden Tischen saß die hochgestimmte Festgesellschaft. Eine kaum enden wollende Folge der köstlichsten Gerichte wurde nach und nach hereingetragen. Das drehbare Karussell auf dem Tisch war dicht vollgestellt mit aufwendig dekorierten Platten. Kaum drohte eine leer zu werden, wurde sie ausgetauscht. Es war wie im Schlaraffenland. Bis das Huhn aufgetragen wurde: Im Ganzen gekocht lag es bäuchlings auf einer großen, mit Salatblättern ausgelegten Platte, akkurat in mundgerechte Stücke geschnitten, aber wieder exakt zur ursprünglichen Form zusammengesetzt. Es wirkte unversehrt, zumal es seinen Kopf auf den Tellerrand stützte und neugierig in die Runde schaute ... gera-

Ländliche Idylle: Geflügel im Bambuskäfig

dewegs mir in die Augen. Ich erschrak richtig, als mich unvermutet dieser Blick aus gebrochenen Augen traf. Verstohlen gab ich dem Drehkarussell einen Schubs, der das Huhn von mir weg beförderte. Einen Moment später stand es wieder vor mir. Es war wie ein Alptraum: Irgend jemand am Tisch sorgte unermüdlich dafür, daß diese Platte vor meinem Platz stand.

Es dauerte eine Weile, bis ich begriff, daß mir als einziger Frau am Tisch der Ehrenplatz zugedacht war und mir daher das Beste, der *Hühnerkopf,* zustand ...
Über solche Delikatessen mögen die Meinungen geteilt sein. Fest steht indes, daß gerade Hühnerfleischgerichte zu den besten, interessantesten und vielseitigsten der Thaiküche gehören. Man schätzt zwar durchaus auch Rind- und Schweinefleisch. Aber weil Hühner leicht und überall verfügbar sind, immer in guter Qualität und obendrein preiswert, wird ihr Fleisch am häufigsten verwendet. Außerdem paßt es in den Speiseplan aller ethnischen Gruppen, es steht über religiösen Regeln, Bräuchen und Gewohnheiten: Moslems essen kein Schweinefleisch, Inder kein Rind, und Thais mögen in der Regel kein Hammel- oder Lammfleisch. Kalbfleisch spielt in Thailand keine große Rolle, mit Ausnahme

97

von der Luxusküche, wie sie in großen Hotelrestaurants gepflegt wird. In manchen Gegenden schätzt man das Fleisch vom Wasserbüffel, auch vom Wildschwein und ißt sogar – für uns entsetzlich! – das Fleisch von Hunden. Rezepte dafür kommen allerdings in diesem Buch verständlicherweise nicht vor.

Schweinefleisch mit weißen und schwarzen Morcheln in Kokossauce

Beide Pilzarten bekommt man getrocknet in Asienläden. Die weißen Morcheln sehen aus wie kleine Badeschwämme und vergrößern sich noch um ein Vielfaches mehr als die ohrförmigen schwarzen Pilze. Mit kochendheißem Wasser überbrüht sind sie nach zehn Minuten bereits verwendungsfähig. Die Einweichflüssigkeit schmeckt würzig und wird zum Verlängern der Sauce verwendet.

Für vier Personen:

2 EL schwarze und 2–3 Stück weiße Morcheln, 250 g Schweineschnitzel, ½ TL Speisestärke, 2 EL Öl, 1 TL gelbe oder rote Currypaste (Seite 19/20), ¼ l Kokossahne, 1 EL Fischsauce, Salz, Pfeffer, Basilikum, Schnittlauch

Die Pilze einweichen. Das Fleisch quer zur Faser in schmale Streifen schneiden und mit Stärke einreiben. Schließlich im heißen Öl anbraten. Die eingeweichten Pilze zufügen, bevor mit der in der Kokossahne aufgelösten Currypaste abgelöscht wird. Mit Fischsauce, Salz und Pfeffer würzen und einige Minuten köcheln, bis die Sauce dicklich wird. Mit einem Schuß Pilzwasser verdünnen. Zum Schluß Basilikumblätter und kleingeschnittenen Schnittlauch unterrühren.

Rinderfilet mit Tomaten

Dafür möglichst festfleischige Tomaten verwenden und sie auf jeden Fall zuvor häuten und entkernen.

Für vier Personen:

*250 g Rinderfilet in schmalen Streifen,
½ TL Speisestärke, 1 EL Sesamöl, 1 TL Sojasauce, 2 EL Öl, 1 TL rote Currypaste (Seite 19), Salz, Pfeffer, 1 TL Zucker,
2 reife Fleischtomaten, 1 kleine Handvoll Basilikumblätter*

Auf der ovalen Platte, ganz links: Schweinefleisch mit weißen und schwarzen Morcheln in Kokossauce; rechts daneben: Rinderfilet mit Tomaten; und schließlich in runden Schälchen: Kalbsfilet mit Ingwer und schwarzen Bohnen

Das Fleisch mit Stärke, 1 TL Sesamöl und Sojasauce mischen und eine halbe Stunde ziehen lassen. Schließlich im heißen Öl braten, dabei die Currypaste mitrösten. Das Fleisch währenddessen wenden und umrühren, damit es überall von der Currypaste umhüllt wird, salzen, pfeffern und zuckern. Zum Schluß die in schmale Streifen geschnittenen, entkernten und gehäuteten Tomaten und die Basilikumblätter untermischen und noch einmal aufkochen.

Kalbsfilet mit Ingwer und schwarzen Bohnen

Hier wird Ingwer großzügig, fast wie Gemüse verwendet. Die schwarzen Bohnen sind getrocknet und werden vor dem Verarbeiten eingeweicht.

Für vier Personen:

*1 EL fermentierte schwarze Bohnen,
250 g Kalbsfilet, ½ TL Speisestärke,
2 EL Öl, 20 hauchdünne Ingwerscheiben (quer durch die geschälte Wurzel geschnitten),
6 Knoblauchzehen, Salz, Pfeffer,
1 TL Zucker, 1 EL Fischsauce,
3–4 Korianderzweige,
1 EL gehackte, frische Chilis*

Die scharfen, kleinen roten Chilis. Getrocknet sind sie noch intensiver in der Würzkraft

Die schwarzen Bohnen in 5 EL heißem Wasser einweichen. (Nicht mehr nehmen, damit die Sauce nicht verwässert wird. Die Einweichflüssigkeit ist nämlich Grundlage der Sauce und dient dann als Gewürz.)

Das Fleisch in Scheiben von drei Millimeter Stärke schneiden. Im heißen Öl auf beiden Seiten schön kroß braten, beiseite schieben und die Ingwerscheiben zufügen, eine Minute unter Rühren miteinander braten. Die schwarzen Bohnen in die Pfanne streuen, ebenso die in feine Stifte geschnittenen Knoblauchzehen. Mit dem Bohnenwasser ablöschen. Salzen, pfeffern, mit Zucker und Fischsauce würzen. Zum Schluß Korianderblätter und gehackte Chilis darüberstreuen.

Rotes Hähnchencurry

———•———

Nach diesem Grundrezept läßt sich ebenso ein *Rotes Rindercurry* zubereiten. Natürlich kann man auch Lamm, Schweinefleisch, Kalbfleisch oder Putenfleisch verwenden. Je nachdem, was im Menü noch an Geschmäckern fehlt. Das Prinzip ist stets das gleiche: Das Fleisch wird zunächst in Kokosmilch oder -sahne gegart – je nach Textur und Festigkeit natürlich unterschiedlich lang, aber immer so behutsam wie möglich, damit es nicht zäh und trocken wird. Schließlich wird die würzende Currypaste eingerührt und nach kurzem Köcheln ist alles fertig. Es ist wirklich die ideale schnelle Küche!

———•———

Für vier Personen:

¼ l Kokossahne, 400 g ausgelöste Hähnchenbrust, ½ TL Speisestärke, 1–2 EL rote Currypaste (Seite 19), 1 TL Zucker, 2 EL Fischsauce, 3–4 Zitronenblätter, 2–3 frische rote Chilis, Basilikum

Die Kokossahne eine halbe Stunde stehen lassen, zwei, drei Eßlöffel der ganz dicken Sahneschicht, die sich dann oben abgesetzt hat, abnehmen. Den Rest in einem Topf aufkochen. Die in mundgerechte Würfel geschnittene Hähnchenbrust mit Stärke einreiben und in der Kokosmilch fünf Minuten sanft köcheln lassen. Die Currypaste, Zucker und Fischsauce einrühren. Weitere fünf Minuten köcheln, bis eine angenehm dicke rote, sehr aromatische Sauce entstanden ist. Zum Schluß die dicke Kokossahne einrühren, die sehr fein geschnittenen Zitronenblätter, die ebenfalls in feinste Streifen geschnittenen Chilis und die Basilikumblätter darüberstreuen.

In cremiger, würzig-scharfer Sauce, gemildert durch besänftigende Kokossahne: Rotes Hähnchencurry mit Zitronenblattstreifen und frischem Basilikum

Auf dem Markt: Gemüse in verschiedener Fülle, in üppiger Frische und appetitlich ausgestellt

Hühnerbrust mit Brokkoli und Mandeln

•———•———•

Statt der Mandeln könnte man auch Cashewnüsse verwenden, die möglichst ungeröstet sein sollten.

•———•———•

Für vier Personen:

250 g ausgelöste Hähnchenbrust,
1 TL Speisestärke, 1 Möhre,
200 g Brokkoliröschen,
1 Zwiebel, 1 Knoblauchzehe,
3–4 grüne Chilischoten,
chinesischer Schnittlauch,
20 geschälte Mandeln, 2 EL Öl,
1 TL brauner Zucker, 4 EL Hühnerbrühe,
2 EL Fischsauce, Koriandergrün

Das Fleisch in Würfel schneiden, mit der Stärke rundum einreiben. Die Möhre in Julienne hobeln. Brokkoli putzen und blanchieren. Zwiebel und Knoblauch fein hacken. Chilis entkernen und schräg in Streifen schneiden. Schnittlauch ebenfalls schräg in Stücke schneiden.

Die Mandeln im heißen Öl anrösten, dabei mit ein paar Knoblauchwürfeln würzen. Herausheben und beiseite stellen. Die Fleischwürfel im verbliebenen Fett rasch anbraten. Möhrenjulienne, Zwiebel und restlichen Knoblauch sofort zufügen. Unter Rühren eine Minute braten, dabei salzen. Erst jetzt den Zucker darüberbröseln, Fleisch und Gemüse damit karamelisieren. Chili und Schnittlauch zufügen und mit Hühnerbrühe und Fischsauce ablöschen. Brokkoli untermischen und mit Koriandergrün bestreuen.

Hühnerfleisch in Kokossauce mit grünen Bohnen

•———•———•

Wie sanft oder wie scharf dieses Gericht schmecken wird, läßt sich ganz einfach mit der Menge der verwendeten Currypaste steuern – diesmal die ohnehin mildere Masanam-Currypaste.

•———•———•

Für vier Personen:

250 g ausgelöste Hühnerbrust,
1 TL Speisestärke, ¼ l Kokossahne,
1 Stengel Zitronengras, 1 Stück Kaffirzitronenschale,
150 g stricknadeldünne grüne Bohnen,
1–2 TL Masaman-Currypaste (Seite 20),
1 TL Zucker, 1 EL Fischsauce,
Zitronensaft, Salz, 1 grüne Chilischote,
Basilikumblätter

Das Fleisch in Würfel schneiden, die mit Stärke eingerieben werden. In der Kokossahne sanft ziehen lassen, dabei das in Stücke geschnittene Zitronengras, die Zitronenschale und die geputzten Bohnen mitköcheln.

Mit Currypaste, Zucker, Fischsauce, Zitronensaft und Salz würzen. Zum Schluß die entkernte, in feine Streifen geschnittene Chilischote sowie das Basilikum unterrühren.

Hühnerbrust mit Zucchini und grünem Chili

•———•———•

Zucchini, wie wir sie kennen, gibt es in Thailand nicht. Durchaus aber kürbis- oder gurkenähnliche Gemüse. Man muß sich schließlich nicht immer sklavisch an Vorbilder halten, sondern sollte einfach mit hiesigen Zutaten probieren.

•———•———•

Dreimal Huhn, jedesmal mit Gemüse: (von links oben) Hühnerbrust mit Brokkoli und Mandeln, Hühnerfleisch in Kokossauce mit grünen Bohnen und Hühnerbrust mit Zucchini und grünem Chili, garniert mit den weißen, eßbaren Blüten von chinesischem Schnittlauch. Im kleinen runden Schälchen: *Nam plaa,* Fischsauce, gewürzt mit Zitronensaft, Chili und abgezupften Schnittlauchblüten.

103

Schweinebauch in roter, curryscharfer Kokossahne mit grünem Pfeffer. Dazu paßt körniger Duftreis, der in einer Tasse zum Zylinder gepreßt auch ohne Bindemittel seine Form behält

Für vier Personen:

250 g Hühnerbrust, 1 TL Speisestärke,
2 EL Öl, 2 Schalotten, 2 Knoblauchzehen,
1 Scheibe Ingwerwurzel, 1 mittelgroßer
Zucchino, chinesischer Schnittlauch,
3–5 grüne Chilischoten, Salz, Pfeffer,
½ TL Zucker, 1 kleine Handvoll
Minzeblätter, 1 EL Fischsauce,
2 EL Hühnerbrühe, 1 TL Sojasauce

Das Fleisch in feine Scheibchen schneiden, mit Stärke einreiben und im heißen Öl rasch anbraten. Schalotten, Knoblauchzehen und Ingwer feingehackt zufügen. Den Zucchini längs vierteln und quer in dünne Scheiben schneiden, in die Pfanne streuen und mitbraten. Den Schnittlauch und die entkernten, in Streifen geschnittenen Chilis zufügen. Salzen, pfeffern und mit Zucker abschmecken. Die Minzeblätter, Fischsauce, Brühe und Sojasauce unterrühren. Sofort anrichten und auftragen.

Schweinebauch mit grünem Pfeffer

Besonders aromatisch ist der frische grüne Pfeffer. Manchmal kann man auch bei uns die dekorativen Rispen kaufen. Falls nicht: Grünen Pfeffer aus dem Glas verwenden.

Für vier Personen:

¼ l Kokossahne, 300 g durchwachsener
Schweinebauch, 1 EL rote Currypaste,
1 Schalotte, 1 Knoblauchzehe,
1–3 rote Chilis, 2 EL Fischsauce,
2 EL grüne Pfefferbeeren

Den dicken Rahm, der sich auf der Kokossahne absetzt, abschöpfen. In der dünnen Milch den in halbzentimeterdünne Scheiben geschnittenen Schweinebauch eine Stunde lang weichköcheln. Die Currypaste mit Schalotte, Knoblauch, Chilis und Fischsauce mixen und unterrühren. Unter gelegentlichem Rühren eine weitere halbe Stunde köcheln, bis das Fleisch butterzart ist. Zum Schluß die restliche Kokossahne und den grünen Pfeffer unterrühren.

Rindercurry in roter Sauce. Garniert mit
Basilikumblättern, sowie mit kunstvoll geschnitzten
Blüten aus Möhre und jungen Ingwer.

Rindercurry in roter Sauce

Das Rezept kann man auch gut mit Hähnchenfleisch nachkochen. Dank der kür-
zeren Garzeit braucht man dann weniger
Kokossahne – die Sauce soll
auch ohne langes Einkochen
schön dick und kon-
zentriert sein.

Bild oben: Die Schalotten in Thailand sind rötlich
bis lila, kleiner als hiesige und sehr würzig
Bild ganz oben: Knoblauch wird gern und
verschwenderisch verwendet, schmeckt aber
niemals aufdringlich hervor

Für vier Personen:

*500 g Rinderhuft, ca. ½ l Kokossahne,
8 große frische rote Chilis, 3 Scheiben
Galgant, 1 Stengel Zitronengras, 1 Stück
Kaffirzitronenschale, 1 Petersilienwurzel,
5 Knoblauchzehen, 3 Schalotten,
6 Pfefferkörner, ½ TL Garnelenpaste,
2 EL Fischsauce, 1 TL Zucker, 3 EL grob
gehackte Erdnüsse, Zitronenblätter,
reichlich frisches Basilikum*

Die dicke Sahne von der Oberfläche der Kokosmilch abschöpfen. Das in mundgerechte Würfel geschnittene Fleisch in der entrahmten Milch auf sanftem Feuer etwa eine Stunde lang garen. Dabei soll das Fleisch weich und mürbe werden und die Flüssigkeit dicklich einkochen. Inzwischen entkernte Chilis (ein bis zwei zum Garnieren beiseite legen), Galgant, Zitronengras, Zitronenschale, Petersilienwurzel, Knoblauch, Schalotten, Pfefferkörner und Garnelenpaste im Mixer zu einer glatten Mixtur zerkleinern.

Inzwischen die dicke Kokossahne kochen, bis sich oben das Fett absetzt, die Würzmischung zufügen und so lange unter Rühren köcheln, bis sich alles zu einer dicken Sauce verbunden hat. Dabei nach und nach die Kokosmilch, in der das Fleisch gegart wurde, zufügen. Mit Fischsauce und Zucker abschmecken. Schließlich Fleisch, Erdnüsse, in feine Streifen geschnittene Chilis, Zitronen- und Basilikumblätter unterrühren.

Durchs Schälen zum Blickfang geworden: Ananas mit ihrem Stiel, rundum jedoch schräg eingekerbt und so von den schwarzumhaarten »Augen« befreit.

106

Süßsaures Schweinefleisch

Ein deutlich der chinesischen Küche entlehntes Rezept. Man sollte es tatsächlich nur mit frischer Ananas ausprobieren. Dosenfrüchten fehlt die fruchtige Säure, sie sind einfach zu süß und machen das Gericht pappig.

Für vier Personen:

300 g Schweineschnitzel,
1 TL Speisestärke, 1 EL Sojasauce,
Pfeffer, Salz, 1 EL Sherry,
1 TL Sesamöl, 2 EL Öl,
2 cm Ingwerwurzel, 2 Knoblauchzehen,
2 große Fleischtomaten, 1 EL Essig,
1 EL Zucker, 1 große Zwiebel,
1 grüne Paprikaschote,
3–4 rote und grüne Chilis,
1 Tasse frische Ananaswürfel

Das Fleisch in mundgerechte Würfel schneiden. Mit der Stärke, Sojasauce, Pfeffer, Salz, Sherry und Sesamöl einreiben und zwei Stunden marinieren. Danach im heißen Öl mit je einer Messerspitze gehacktem Knoblauch und Ingwer auf allen Seiten scharf anbraten. Die Tomaten häuten, entkernen, mit Essig und Zucker pürieren. Zum Fleisch in die Pfanne gießen und leise köcheln lassen. Inzwischen die Zwiebel achteln, die ent-

kerne Paprikaschote in große, die Chilis in kleine Würfel schneiden. Zusammen mit der Ananas zum Fleisch geben. Kurz mitköcheln und nochmals abschmecken.

Stilecht in einem Körbchen aus Bananenblatt angerichtet, mit einer Blüte aus roter Chilischote und einem Rosenkörbchen aus Gurke und Tomatenschale dekoriert: Süßsaures Schweinefleisch.

Auberginen: weiß und rund, länglich, grün, Gürkchen, Weißkohl und Langbohnen, die bis zu

einem halben Meter lang sein können. An dem Photo rechts: Bittergurken und Brokkoli

Sautiertes Hähnchenfleisch mit Ingwer und gelben Chilis

Gelbe Chilis sind milder als die roten oder grünen, die man natürlich dennoch als Ersatz nehmen kann. Dann sollte man aber nach eigenem Geschmack die Menge reduzieren, um die Schärfe angenehm zu halten.

Für vier Personen:

*1 EL schwarze fermentierte Bohnen,
4 Tongupilze, 350 g Hähnchenfleisch
(ausgelöste Keule), 1 TL Stärke,
3 Knoblauchzehen, 1 Stück Ingwer (ca.
3 cm dick), 1 Stück Zitronengras, 1 gelbe
oder rote Paprikaschote, 2–3 gelbe*

*Chilis, 2 EL Öl, 1 TL Sesamöl,
1 TL Zucker, Salz, Pfeffer, 1 EL Fischsauce,
1 TL rote Chilipaste, 2 EL Sherry,
Zitronensaft, Koriandergrün*

Die Bohnen und die Pilze getrennt in möglichst wenig heißem Wasser einweichen. Das Fleisch in zentimeterkleine Würfel schneiden, mit der Stärke einreiben und marinieren, bis alles Weitere erledigt ist.

Knoblauch, Ingwer und Zitronengras fein hacken. Die Paprikaschote dünn schälen, entkernen und in zentimeterkleine Würfel schneiden. Die Chilis entkernen und kleinhacken.

Im Wok beide Ölsorten erhitzen. Zuerst Knoblauch und Ingwer zufügen, dann sofort das Fleisch hineingeben und unter ständigem Rühren rundum kräftig anbra-

ten. Die gewürfelten Pilzhüte und schwarzen Bohnen ohne Einweichwasser zufügen, nach zwei Minuten Zitronengras, Paprika und Chili in den Wok geben. Zuckern, salzen und pfeffern. Fischsauce, Currypaste, Sherry und Bohneneinweichwasser verquirlen und unterrühren. Mit Zitronensaft abschmecken und heiß servieren.

Rindfleisch mit weißen Auberginen

In guten Asiengeschäften kann man die kleinen eiförmigen Auberginen manchmal kaufen, frisch aus Thailand importiert. Man kann aber auch ebensogut lila Auberginen nehmen, die allerdings – ein wesentlicher Unterschied – richtig durchgeschmort werden müssen, wohingegen die weißen sogar roh gut schmecken.

Für vier Personen:

300 g Rinderlende (ohne Fettrand und Sehnen), 1 TL Speisestärke, 1 TL Sesamöl, je 1 EL feingehackter Ingwer und

In der eckigen Schale links: Sautiertes Hähnchenfleisch mit Ingwer und gelben Chilis; Rechts von der Reisschale: Rindfleisch mit weißen Auberginen; Vorn: *Nam plaa,* Fischsauce mit viel Zitronenblatt und Schnittlauch

(Oben) Ganz leicht: Hühnerfleisch in würzigem Sud pochiert, mit viel Zitronengras und Pilzen. Unten: Der Vater mit dem Sohn in der letzten Abendsonne beim Essen.

Knoblauch, 2 EL Öl, 1 große Zwiebel, 200 g weiße Auberginen, Salz, ½ TL Zucker, Pfeffer, 2 EL Fischsauce, 1 TL grüne Currypaste, ½ Tasse Brühe, 2–3 Kaffirzitronenblätter, Basilikum

Das Fleisch in dünne Streifen schneiden. Stärke und Sesamöl einmassieren. Eine halbe Stunde ziehen lassen. Mit Ingwer und Knoblauch im heißen Öl rasch unter Rühren anbraten. Die geschnittene Zwiebel sowie die geviertelten Auberginen mitbraten. Mit Salz, Zucker, Pfeffer und Fischsauce würzen. Currypaste und Brühe zufügen. Aufkochen und gehackte Kräuter unterrühren.

Der Vater mit dem Sohn in der letzten Abendsonne beim Essen.

Hühnerfleisch mit Strohpilzen und Zitronengras

(Photo links)

⸺•⸺•⸺

Hierfür werden die Zutaten nicht in Öl gebraten, sondern in Brühe gekocht, die dadurch duftend und kräftig wird. Man serviert sie in Täßchen und trinkt sie dazu.

•⸺•⸺•

Für vier Personen:

ca. 1 l Hühnerbrühe, 2 Stengel Zitronengras, 4–5 Zitronenblätter, je 3 cm Ingwer und Galgant, 3–4 grüne oder rote Vogelaugenchilis, Saft einer Zitrone, ½ TL Zucker, 2 EL Fischsauce, 1 kleine Dose Strohpilze, 300 g ausgelöste Hähnchenbrust

In der Hühnerbrühe das grob zerkleinerte Zitronengras, die zerzupften Zitronenblätter und gehackten Ingwer und Galgant sowie die Chilis etwa 15 Minuten auskochen. Erst dann mit Zitronensaft, Zucker und Fischsauce würzen. Die abgetropften, halbierten oder sogar geviertelten Strohpilze zufügen. Zum Schluß das in Würfel geschnittene Hähnchenfleisch in der heißen Brühe nur wenige Minuten sanft ziehen lassen.

Süßes

»Das *müssen* Sie probieren!« Der Ton ließ keinen Widerspruch zu. »Unbedingt!« Es lag geradezu Verklärung in der Stimme, als mein Gastgeber den Genuß zu beschreiben versuchte, der mir bevorstand. *Sticky rice with coconut-cream and mango* – Klebereis mit Kokossahne und Mango. Ich muß gestehen, es klang für mich nicht besonders verlockend. Ich hatte auch gar keinen Hunger. Und der schien mir nötig, wenn ich jetzt noch eine Portion Reis mit Kokossahne verspeisen sollte. Wir hatten wunderbar zu Abend gegessen, verschiedene Currys, gedämpften Fisch, in Zitronengrassud gekochte Garnelen, und fuhren nun quer durchs nächtliche Bangkok, ans andere Ende der Stadt. Denn dort, in einem winzigen Restaurant, verstände man sich auf dieses ohnehin köstlichste Dessert der Welt am allerbesten.

Natürlich war es eine verrückte Idee. Es

Alle lieben Süßes, nicht nur Kinder!

war spät, nicht nur wir, auch alle anderen Menschen hatten längst zu Abend gegessen. Das kleine Restaurant war leer, bis auf ein paar letzte Gäste, die noch übriggeblieben waren.

Der Ober war auch durchaus nicht entzückt. Er schüttelte den Kopf »no mangoes«. Es war Ende März, der zaghafte Beginn der Mango-Saison. Aber mein Begleiter ließ nicht locker. Schließlich wur-

de ein Bursche losgeschickt, um auf einem der zahlreichen Nachtmärkte Mangos einzukaufen. Sie wurden dann bedächtig geprüft, in der Hand gewogen, ihre Reife mit behutsamem Fingerdruck und Nase untersucht – und der arme Junge mußte tatsächlich noch ein zweites Mal auf seinem Moped davonknattern, weil die Früchte den strengen Maßstäben des Restaurantbesitzers, dem die Angelegenheit inzwischen zur Ehrensache geworden war, nicht genügte.

Es hatte sich gelohnt! Der Klebereis war getränkt mit cremiger Kokossahne und duftete verführerisch danach, er war von herrlich sanfter Konsistenz und schmeckte einfach umwerfend gut zur besten Mango meines Lebens: Wie durch Butter glitt das Messer in ihr Fruchtfleisch, es schmolz auf der Zunge, keine Fasern waren zu spüren, wie man das sonst bei Mangos kennt. Ihre fruchtige Süße war

111

unter einer zweizentimeterdicken grünen Schale, die mit bösen Stacheln bewehrt ist. Es schmeckt sahnig, fruchtig, den eigentümlichen Duft verliert man nie aus der Nase, und nach zwei Bissen ist man satt. Thais können sich über ihr letztes *Durian*-Erlebnis so lange unterhalten wie Golfer über das schönste *green*.

Eine Obstplatte, wie auf dem Photo rechts, wird als krönender Abschluß nach einem aufwendigen Festessen serviert. So ist das Obst nicht nur bildschön anzusehen, sondern auch einfacher zu essen. Und jeder Gast weiß die Kunst und Mühe, mit der die Früchte zurechtgeschnitzt sind, auch zu schätzen und als Kompliment des Gastgebers zu würdigen.

begleitet von einem unbeschreiblich betörenden Parfüm, das wirklich nichts mit jenem Terpentinduft zu tun hatte, an den Mangos sonst erinnern!

Solche Früchte sind auch in Thailand nicht alltäglich und gelten als etwas Besonderes. Sie kosten bis zu vier und fünf Mal soviel wie Mangos einfacher Qualität. Bis dahin hatte ich die großen Preis-

unterschiede auf dem Markt immer für Beutelschneiderei gehalten.

Überhaupt wird mit Obst ein wahrer Kult getrieben. Zum Beispiel *Durian*, jene Frucht, deren Transport in öffentlichen Verkehrsmitteln verboten ist, weil ihr Geruch als Gestank empfunden wird. Das cremig-feste weißliche Fleisch sitzt in Segmenten zwischen hellen Trennhäuten

Oben links: Mango, perfekt in Form, Reife und Konsistenz. Unten: Auf den Märkten ist das Obst häufig bereits geschält und mundgerecht eingeschnitten. Und man ißt es gleich aus der Hand. Rechte Seite: Aus Papayastücken (von links im Uhrzeigersinn) sind rote Blätter geschnitten; Sapodillafrüchte mit ihrem rosabräunlichen aromatischen Fleisch sind quer halbiert, entkernt und zackig eingekerbt; die roten und grünen Rosenäpfel, ebenfalls in Blattform, schmecken frisch und säuerlich; aus Wassermelonen hat man kleine rote Früchte geschnitzt und mit Laub aus Mangoblättern garniert. Ananasfrüchtchen als mundgerechte Häppchen und in der Mitte sitzen geschälte Lychees

Gebackene Bananen

• ——————— •

Es gibt in Thailand bestimmt hundert verschiedene Bananensorten. Nur manche ißt man roh, aus der Schale, wie wir das gewohnt sind. Häufiger werden sie zum Kochen, vor allem für Desserts und kleine Imbißhäppchen verwendet.

Zum Beispiel die sogenannten Eierbananen: sie sind männerdaumenkurz und dick und haben eine auffallend dünne Schale. Man kriegt sie in Thailand fast rund ums Jahr. Sie schmecken roh am besten, wenn sie reif sind.

In einen Teig getaucht und in heißem Öl ausgebacken sind sie nicht nur als Nachtisch beliebt, sondern auch als Imbiß gegen den Hunger zwischendurch. Mit den bei uns üblichen großen Bananen läßt sich das Rezept auch ausprobieren. Nur reife Früchte verwenden und sie in Stükke von etwa vier bis sechs Zentimetern Länge schneiden.

• ——————— •

Für vier bis sechs Personen:

110 g Mehl, ⅛ l Wasser, 2 EL Öl, 1 EL Zucker, 2 TL Backpulver, 12 Bananen, Fett zum Ausbacken

Die Zutaten für den Teig rasch verquirlen, dabei aber nicht schaumig schlagen. Der Teig soll glatt sein, keine Bläschen aufweisen. Etwa eine halbe Stunde ruhen und ausquellen lassen, bevor die geschälten Bananen(stücke) hineingetaucht werden. Gut abtropfen und schwimmend in heißem Öl goldbraun und knusprig backen.

In reichlich Öl müssen die Bananenstücke backen – Erdnuß- oder ein geschmacksneutrales Öl

Bananen-Spießchen

• ——————— •

Dafür sind unsere Bananen prima geeignet. Sie dürfen sogar noch ein bißchen unreif sein.

• ——————— •

Für vier Personen:

2 gehäufte EL Zucker, ⅛ l Kokosmilch, 6 Bananen, Öl zum Einpinseln

Die junge Frau mit den Bananen-Spießchen ist bestens gerüstet für den Ansturm auf dem Wochenendmarkt von Bangkok. Und falls die Bananen ausgehen sollten, bekommt sie jederzeit vom Händler nebenan Nachschub

Den Zucker in der Kokosmilch völlig auflösen und zum schwachen Sirup kochen.

Die geschälten Bananen quer in fingerdicke Scheiben schneiden und auf Bambusspießchen fädeln. Im Kokossirup wenden und auf gut eingeölten Grillstäben auf beiden Seiten über heißer Glut goldbraun rösten.

* Da Bananen nicht unbedingt ausschließlich als Obst angesehen werden, kann man sie durchaus auch als pikante Häppchen zum Aperitif reichen. In diesem Fall wird der Kokossirup mit etwas Fischsauce, Pfeffer, fein zerbröselten getrockneten Chilis, Kreuzkümmel und feingehacktem Ingwer kräftig gewürzt. Als Dip paßt dazu *Nam plaa* (Seite 19) oder eine andere würzige Sauce.

Gegrillte Bananen

Einfacher geht's nicht, und es schmeckt unglaublich gut: Kurze, dicke Eierbananen, die Schale einfach längs an einer Nahtstelle aufgeschlitzt, damit sie nicht

Hier sind sie genau zu erkennen, die sogenannten Eierbananen: Kurz, prall und dick und herrlich aromatisch. Man kann sie roh essen, kochen, backen oder grillen – sie schmecken immer wunderbar!

platzt, wenn man die Früchte über Holzkohle ganz langsam gart und sich ihr Inneres ausdehnt. Dabei werden die Bananen immer wieder gedreht, damit sie rundum bräunen und innen gleichmäßig schmelzend weich werden. Man ißt sie einfach aus der Hand, indem man das Fruchtfleisch aus der Schale lutscht. Kein thailändischer Markt, auf dem man sie nicht angeboten bekommt.

Eine hübsche Idee fürs nächste Grillfest: Für den Nachtisch einfach ein paar Bananen auf den Rost legen, solange die Glut noch ausreichend heizt. Die Bananen sind erst gar, wenn die Schale fast schwarz geworden ist und auf Fingerdruck ganz leicht nachgibt.

Die Bananen für die Spießchen dürfen nicht ganz reif sein, sonst lassen sie sich nicht gut auffädeln

Einfach umwerfend praktisch, die »Kücheneinrichtung« des mobilen Kokos-Crêpe-Bäckers (Photo links): Eine gußeiserne Pfanne, etwa 15 Zentimeter Durchmesser und 3 Zentimeter tief, sitzt über glühender Holzkohle und wird daher nicht nur am Boden, sondern auch an den Seitenwänden erhitzt. Der hauchdünn darauf verstrichene Kokosteig wird unter einem Blechhäubchen an der Unterseite knusprig braun und bleibt oben zart. Der Crêpe wird noch mit Kokossahne bestrichen, dick mit Zucker bestreut und zum Aus-der-Hand-Essen zusammengeklappt (Photo unten links). Er ist zwar sehr süß, schmeckt aber unwiderstehlich. Die Kokosküchlein (die drei Photos rechts) sind erheblich kleiner, und können mit Möhren süß wie mit Schnittlauch salzig angerichtet sein.

Kokos-Crêpes

Genau wie in Thailand wird man es natürlich nicht hinkriegen, weil die spezielle Pfanne fehlt. Aber man kann ebensogut eine normale Bratpfanne nehmen, am besten eine beschichtete.

Für vier Personen:

*350 ml Kokosmilch, 50 g Reismehl,
25 g Kokosflocken, 3 EL Zucker,
1 EL Speisestärke*
Außerdem: *Zucker und Kokosflocken
zum Bestreuen*

Die fette Sahne, die sich oben auf der Kokosmilch absetzt, abschöpfen und beiseite stellen. Die restliche Milch mit Reis-

mehl, den im Mixer fein zerkleinerten Kokosflocken und dem Zucker zu einem ziemlich dünnen Teig rühren. Jeweils eine kleine Kelle davon in einer beschichteten Pfanne auf der Unterseite schön goldbraun backen. Die blasse Oberseite mit einem Löffel Kokossahne bestreichen, mit etwas Zucker und Kokosflocken bestreuen, bevor der Crêpe noch warm einfach aus der Hand und mit Genuß gegessen wird.

Kokosküchlein

Man kann wirklich nicht sagen, ob sie als Nachtisch oder lieber zur Vorspeise gegessen werden. Es gibt sie jedenfalls den ganzen Tag über auf allen Märkten oder abends als Begrüßungsimbiß beim Empfang. Überall, wo Menschen sind, die möglicherweise Hunger haben könnten, steht sicher auch ein Kokosküchleinbäkker. Auch er verfügt über eine unerhört praktische Ausrüstung: Eine gußeiserne Platte liegt über Holzkohlenglut, ähnlich wie eine spanische *Plancha*. Mehr braucht man nicht dazu.

Der Teig wird mit einem kleinen Spatel kreisrund und hauchdünn auf der heißen Platte aufgetragen. Sobald der kleine Fladen nach ein, zwei Minuten gebräunt ist, wird ein Klecks mit Eiweiß und Zucker

Denkbar sind auch andere Gewürze oder Kräuter: Korianderblätter, feingehackte Chilis, gemahlener Kreuzkümmel.

Die Küchlein werden halb zusammengeklappt und möglichst gleich, noch warm aus der Hand verspeist.

Wer es ausprobieren will, versucht es einfach mit einer großen gußeisernen oder beschichteten Pfanne:

• ———————— •

mit Reismehl, Tapiokamehl, den fein zerkleinerten Kokosflocken, 2 EL Zucker und einer Prise Salz zu einem dünnflüssigen Teig verquirlen. Eßlöffelweise als Kreise auf einer heißen Platte oder in einer beschichteten Pfanne verstreichen. Hellbraun backen, bevor auf der Oberfläche jeweils ein Teelöffel Eiweiß-Kokoscreme verteilt wird: Dafür das Eiweiß cremig steif schlagen, dabei nach und

stabilisierte Kokossahne aufgesetzt, die noch ein paar Sekunden lang auf der heißen Platte mitgart und wie ein Baiser stockt. Schließlich wird ganz nach Anlaß und Belieben gewürzt:

Feingeriebene Möhren, die ja ohnehin schon ein bißchen süß sind, werden entweder zusätzlich mit Zucker bestreut und als Dessert genommen oder mit Schnittlauchröllchen dekoriert und dann als eher herzhaftes Häppchen akzeptiert.

Für sechs bis acht Personen:

350 ml Kokosmilch, 65 g Reismehl,
2 EL Tapiokamehl, 25 g gemahlene
Kokosflocken, 6 EL Zucker, Salz,
1 Eiweiß, 1 Möhre, 1 Bund Schnittlauch
oder Koriandergrün

Die dicke Sahne, die sich an der Oberfläche der Kokosmilch absetzt, abschöpfen und beiseite stellen. Die dünnere Milch

nach und den restlichen Zucker sowie löffelweise die Kokossahne zufügen. Der Zucker sollte sich dabei völlig auflösen.

Die Küchlein mit geriebenen Möhren, Schnittlauchröllchen oder Koriandergrün bestreuen und halb zusammenklappen, bevor serviert wird.

Falsche Marzipanfrüchte

Nach einem großartigen, aufwendigen Menü, zu einem Fest oder zum Geburtstag, bekommt man in Thailand ganz sicher eine Schale hingestellt, voll der schönsten, makellosesten Früchte. In allen Farben, jeglichen Formen, immer als Miniatur der Natur so getreulich nachgebildet, daß man es gar nicht glauben mag. Mit einem hochglänzenden Überzug versehen, daß es nur so spiegelt. Um ehrlich zu sein: Die Früchte sehen schöner aus, als sie schmecken. Der Gelatinemantel, der das Obst so glänzend umschließt, darf auch bei großer Hitze nicht schmelzen und ist deshalb von zäher Gummiartigkeit. Das Innere allerdings hat durchaus seinen Reiz. Es ist süß, wirkt ein bißchen mehlig und duftet nach Kokos. Es sei also hier mit Vorbehalt das Rezept verraten. Wer über genügend Geschicklichkeit verfügt, kann sich ja im Formen der Minifrüchte üben. Wem die Früchte gelingen, der hat auf alle Fälle ein originelles und bildschönes Mitbringsel für die nächste Einladung.

Grundmasse:

225 g Sojabohnen, 225 g brauner Zucker, 100 g frisch geriebene Kokosflocken, ¼ l dicke Kokossahne, 25 g Gelatine, Speisefarben

118

Die Sojabohnen über Dampf so lange garen, bis sie sich zwischen den Fingern leicht zerdrücken lassen. Durch ein Sieb streichen. In einem Topf mit dem Zucker, den Kokosflocken und der Kokossahne unter Rühren so lange köcheln, bis der Zucker aufgelöst und die Mischung sehr dick geworden ist. Eine Stunde lang kalt stellen, damit man die Masse berühren und formen kann.

Die Gelatine in etwa ⅛ l Wasser einweichen und auflösen. Die verschiedenen Speisefarben entsprechend anrühren. Kleine Früchte formen: Chilis, Kirschen, Auberginen, Trauben usw. Sie auf Zahnstocher gespießt zuerst in die jeweils passende Farbe tauchen. Dann in die Gelatine dippen, bis die Früchte jeweils davon völlig überzogen sind. Eventuell sogar wiederholen, um die Gelatineschicht noch stabiler zu machen.

Die Früchte auf einem Gitter oder, damit sie nicht festkleben, auf einem eingeölten Papier fest und trocken werden lassen. Blätter und Stiele passend zuschneiden und anbringen.

Es sind kleine Kunstwerke, die bunten Früchte aus falschem Marzipan, dick überzogen mit einem leuchtend eingefärbten Gelatinemantel. Eher etwas fürs Auge als für den Gaumen. Aber einfach bildschön, zum Beispiel als Mitbringsel

119

Die wichtigsten Produkte und Gewürze

Hier sind zum Nachschlagen alle Zutaten und Spezialbegriffe alphabetisch aufgeführt, jeweils genau erklärt, beschrieben und erläutert. Wenn irgend möglich ist immer ein Ersatz angegeben, falls man das entsprechende Gewürz, Kraut oder Gemüse tatsächlich nicht bekommen kann. Das meiste wird sich jedoch mühelos beschaffen oder austauschen lassen. Eine Liste mit Geschäften, die thailändische Produkte führen, finden Sie auf der letzten Seite, beim Register.

Auberginen Ein überaus beliebtes Gemüse, das man in Thailand in zahllosen Varianten zur Verfügung hat. Es gibt nicht nur die bei uns bekannten *auberginefarbenen*, sondern auch grüne Früchte, gelbe, gestreifte und weiße – die übrigens tatsächlich so klein und oval geformt sind, daß man versteht, warum Auberginen auf englisch *egg-plants*, also *Eierfrüchte* heißen.

Austernsauce Dickflüssige Würzsauce aus fermentierten Fischen und Meeresfrüchten. Wird eher zum Abschmecken in der Küche als zum Nachwürzen bei Tisch verwendet. Man braucht Austernsauce überall da, wo ein Hauch von Meeresduft erwünscht ist. Zum Beispiel bei vegetarischen Gerichten.

Backpulver Festfaseriges Fleisch, zum Beispiel vom Rind, wird zart und mürbe, wenn man einen Hauch Backpulver darüberpudert, das man gut einmassiert.

Bananen Es gibt in Thailand zahllose Sorten. Besonders bemerkenswert sind die nur fingerlangen, dicken Eierbananen mit sehr

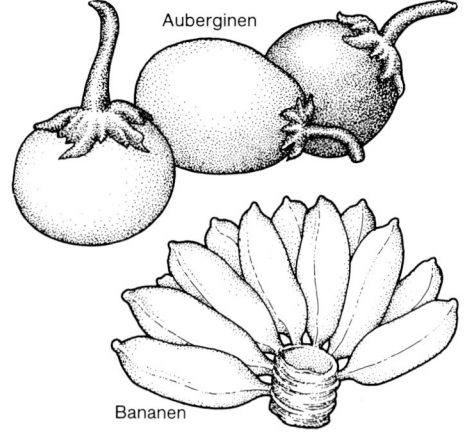

Auberginen

Bananen

dünner Schale, die zum Rohessen sowie zum Kochen und Grillen geeignet sind. Hier sollte man auf jeden Fall darauf achten, daß man reife Früchte bekommt, auch wenn sie schwarze Flecken auf der Schale tragen. *Bananenblätter* nimmt man gern zum Einpacken von Gerichten oder einzelnen Zutaten zum Grillen oder Dämpfen. Die Blätter sind übrigens besser zu handhaben, wenn man sie einen Tag auswelken läßt und dicke Blattrippen glattschneidet.

Basilikum In Thailand verwendet man dreierlei Sorten, allesamt unter dem Oberbegriff *süßes Basilikum* zusammengefaßt. Botanisch sind sie eine Familie, die folgendermaßen unterteilt wird: *Ocimum basilicum* (in Thailand *bai horapha* genannt), das ist auch der Name, mit dem man das uns vertraute, europäische Kraut bezeichnet. Die thailändische Variante indes ist jedoch in Duft und Aussehen durchaus verschieden: Die Blätter sind längst nicht so fleischig und glänzend, der Duft erinnert eher an Anis, der Geschmack ist intensiver. *Ocimum sanctum (bai ka-prow)* hat rötliche Stiele, ist manchmal sogar an den Blättern rötlich gefärbt. Es ist sehr würzig, riecht leicht medizinisch. Am beliebtesten ist *Ocimum carnum (bai manglak* auf thai) mit hellgrünen, ganz leicht behaarten Blättern. Es wird verschwenderisch in Curries gestreut und fast schon wie Gemüse verwendet. Verleiht mit seinem typischen Duft den Gerichten Charakter.

Für die Thaiküche sind diese Basilikumvarietäten so wichtig, daß man unbedingt trachten sollte, wenigstens eine dieser Sorten zu bekommen. Sie wachsen durchaus auch in unseren Breiten. Samen gibt es in Asienshops und in guten Samenversandhäusern. Das asiatische Basilikum ist nicht anspruchsvoller als das europäische auch: Es braucht Licht, Sonne und Wärme.

Baumpilze →Wolkenohrpilze

Bambussprossen Die zarten Schößlinge einer bestimmten Bambusart, die geerntet werden, wenn sie zehn bis zwanzig Zentimeter aus der Erde schauen. Die braunen Außenblätter werden entfernt. Nur der innere Teil ist zart und wird gegessen. Man schätzt Bambussprossen hauptsächlich wegen ihrer knackigen Konsistenz. Im Geschmack sind sie eher neutral. Bei uns kann man sie fast nur in Dosen kaufen. Beim Einkauf darauf achten, daß sie in ganzen Stükken konserviert sind. Sie kosten zwar etwas mehr als Bambussprossen in Scheiben, sind dafür aber von besserer Qualität.
Aus der geöffneten Dose sollte man sie in ein verschließbares Porzellan-, Glas- oder Plastikgefäß umfüllen. Mit immer wieder frischem Wasser bedeckt, halten sie sich im Kühlschrank mindestens eine Woche.

Bittergurke Sieht aus wie eine hellgrüne Gurke, die jedoch am oberen Ende spitz zuläuft und eine ziemlich verschrumpelte Haut hat. Wird wie Zucchini verwendet. Man schätzt sie und ihre Blätter wegen ihres ausgeprägt bitteren Geschmacks.

Bohnenkäse →Bohnenquark

Bohnenquark Eine quarkähnliche, aber schnittfeste Masse, hergestellt aus Sojabohnen, auf japanisch *Tofu* genannt. Es gibt sie

in verschiedenen Reifegraden: von ganz frisch und weiß bis zu fermentiert und gereift, dann auch als gelblicher *Bohnenkäse* angeboten. Je weißer und frischer, desto neutraler im Geschmack. Trotzdem muß Bohnenkäse nicht langweilig sein. Er schmeckt immer so gut, wie man ihn gewürzt hat. Man kann ihn mittlerweile auch bei uns immer häufiger frisch kaufen. In guten Supermärkten, vor allem aber natürlich in Naturkostläden und Reformhäusern.

Bohnenpaste Besser unter dem japanischen Begriff *Miso* bekannt. Eine dicke, streichfähige Paste aus fermentierten Sojabohnen, gelblich oder dunkelbraun. Von intensivem Aroma, zum Würzen von Suppen, Ragouts und Saucen.

Bohnensprossen Die weißen, fast fingerlangen Keime von Soja- beziehungsweise Mungobohnen. Als knackig frisches Gemü-

Keimlinge und Sprossen

se beliebt. Immer häufiger auch bei uns im Supermarkt frisch zu kaufen. Und dann der Dosenware natürlich vorzuziehen. Man kann die Sprossen auch zu Hause keimen lassen: Dafür die Bohnen einige Stunden in lauwarmem Wasser einweichen. Dann in einem Keimapparat, auf einer dicken Lage angefeuchtetem Kreppapier oder in einem Einmachglas an einem möglichst dunklen Ort wachsen lassen. Zweimal täglich durchspülen und immer wieder gut abtropfen, damit die Keime nicht schimmeln oder braun werden.

Cashewnüsse Passen vor allem gut zu pfannengerührten Hühnerfleischgerichten, bei denen sie durch ihre Knackigkeit einen willkommenen Kontrast zum zarten Fleisch bieten. Mit kochendem Wasser überbrüht und eingeweicht nimmt man sie auch gern püriert zum Andicken von Saucen. Deshalb ist es wichtig, daß man ungeröstete Nüsse verwendet.

Chiliöl Stellt man ganz einfach selber her, indem man eine Handvoll getrockneter Chilis in einem halben Liter Erdnuß- oder neutralem Öl röstet. Das durchgesiebte Öl hält sich monatelang und dient als Gewürz.

Chilisauce Würzsauce, die man fertig kauft. Aus Chilis, Knoblauch und Gewürzen. Gehört auf den Eßtisch, damit jeder davon nach Belieben nehmen kann.

Chilischoten Ohne sie ist die Thaiküche einfach undenkbar. Chilis gehören in die Familie der Paprikagewächse und bilden den Zweig der Würzpaprika. Es gibt eine Vielzahl der unterschiedlichsten Varianten.

Von den winzig kleinen, höllisch scharfen Vogelaugenchilis (die so heißen, weil sie so klein und tatsächlich ebenso oval wie die Augen von Vögeln geformt sind) bis zu den großen, fast schon als milde zu bezeichnenden Schoten, deren Schärfe mild und angenehm und selbst für empfindliche, europäische Zungen erträglich ist. Man verwendet getrocknete und frische Chilis gleichermaßen. Die getrockneten werden oftmals eingeweicht, um frische Schoten zu ersetzen. Ob grün oder rot ist eine Frage des Reifegrads. Rote Schoten waren vorher immer grün. Leuchtend orangefarbene Chilis sind jedoch, wie auch gelbe Paprikaschoten, eine eigene Sorte, die im unreifen Zustand zwar auch zunächst einmal grün ist, jedoch niemals errötet. Getrocknete Chilis sind, weil man zum Trocknen nur reife Früchte verwendet, immer rot.

Für ungeübte Gaumen mag die von den Chilis ausgehende Schärfe, die für die thailändische Küche typisch ist, anfangs schwer zu ertragen sein. Man sollte dann ruhig zunächst mit kleineren als im Rezept angegebenen Dosen beginnen und nur allmählich steigern. Schärfe zu lieben muß man lernen! Die intensivste Schärfe sitzt übrigens in den wattigen Zwischenwänden und in den kleinen Kernen. Man sollte beides also sorgfältig entfernen.

Wichtig: Anschließend sofort und gründlich die Hände waschen. Dort haben nämlich die in den Schoten enthaltenen ätherischen Öle Spuren hinterlassen, die mit ihrer beißenden Schärfe die Schleimhäute angreifen und zu Tränen führen.

Chinesische Petersilie →Koriander

Chinesische Pilze →Tongupilze

Chinesischer Schnittlauch Mittlerweile auch bei uns unter der Bezeichnung *Schnitt-Knoblauch* sogar als Samen erhältlich. Tatsächlich schmecken die sattgrünen,

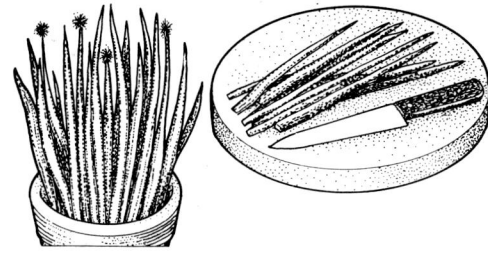

flachen Halme deutlich nach Knoblauch, aber auch sehr würzig nach Zwiebeln. Kann man verschwenderisch bei nahezu allen Gerichten, vor allem natürlich für Salate, verwenden. Die Pflanze ist mehrjährig und anspruchslos. Sie kommt treu jedes Jahr wieder und trägt im Sommer hübsche, sternförmige Blütendolden.

Cumin →Kreuzkümmel

Curry Hiermit ist nicht das gleichnamige Gewürz gemeint, das ja vielmehr eine Mischung aus vielen Gewürzen ist, sondern das ganze Gericht. Ursprünglich stammt die Bezeichnung vom indischen Hinduwort *kari,* das die Engländer zu *Curry* verballhornt haben. Es gibt Curries, die reichlich Sauce liefern, aber auch sogenannte *trockene Curries,* bei denen die Sauce so lange eingekocht wurde, daß sie das Fleisch oder

Gemüse nicht begleitet, sondern wie eine Paste umschließt. In jedem Fall sind Curries fast der wichtigste Bestandteil jeder Thai-Mahlzeit.

Currypaste Selbst gemacht oder fertig gekauft halten sich die Würzpasten monatelang im Kühlschrank und sind für die schnelle Küche unendlich praktisch. (Siehe Tips und Rezepte Seite 19/20)

Duftreis →Reis

Essig Man verwendet hauptsächlich Reisessig, der mit 3 Prozent Säure milder ist, als die bei uns vorgeschriebenen 5 Prozent erlauben. Man schätzt auch mit Chilis geschärften oder mit Palmzucker gesüßten Essig. Für Salate und frische Saucen nimmt man jedoch am liebsten Zitronen- oder Limonensaft.

Erdnüsse Beliebt in manchen Curries, als knackige Zutat bei pfannengerührten Gerichten, für Salate und Snacks. Um den Geschmack unbeeinflußt einsetzen zu können, bevorzugt man ungeröstete, frisch aus der Schale gelöste Kerne.

Fischsauce *Nam plaa* auf thai oder *Nuoc mam* auf vietnamesisch. Als Gewürz in der Thaiküche (und in der vietnamesischen Küche) so unersetzlich wie für die Chinesen oder Japaner die Sojasauce. Hergestellt aus Fisch und Krabben, die mit Salz fermentiert wurden. Die klare, sherrybraune Flüssigkeit ist intensiv im Duft und in der Würzkraft und letztlich durch nichts zu ersetzen. Sie verlangt Sparsamkeit mit Salz, weil sie bereits genügend davon mitbringt.

Frühlingszwiebeln Sie sind mittlerweile allen wohl vertraut und rund ums Jahr erhältlich. Niemand verwechselt sie mehr mit Schalotten. Man verwendet sie großzügig, sowohl für rohe Salate als auch zum Kochen, und zwar nicht nur das Weiße, sondern auch ihr frisches Grün.

Garnelenpaste Eine Gewürzpaste aus luftgetrockneten Garnelen, die in viele Curries, Suppen und Saucen gehört. Gute Qualitäten sind rosa bis violett. Sie duften stark, aber nicht unangenehm nach Meer und sind nicht zu salzig. In Asien-Shops findet man Garnelenpaste *(kapi)* in Dosen. Sie kann durch Sardellenpaste ersetzt werden.

Galgant Auch *Thai-Ingwer* oder *Laos* genannt. Die Wurzeln sind größer und weißer als Ingwer, haben jedoch rosa Spitzen; außerdem schmecken sie völlig anders, eher streng und medizinisch. Ein wichtiges Gewürz für die berühmte *Tom Yam gung*, die scharfe Garnelensuppe (Rezept Seite 52).

Gelbwurz Auch *Kurkuma* genannt, auf englisch *turmeric*. Wie Ingwer eine Wurzel, die übrigens ganz ähnlich aussieht – das Fruchtfleisch ist jedoch leuchtend orange. Von ihr hat Currypulver seine typische, gelbe Farbe. Getrocknet und zu Pulver zermahlen bringt Gelbwurz kaum mehr Geschmack. Frisch kann man ihn jedoch bei uns fast nie finden.

Glasnudeln →Nudeln

Hühnerfett Setzt sich auf abgekühlter Hühnerbrühe oben als feste Schicht ab. Verwendet man gerne als Brat- und Kochfett.

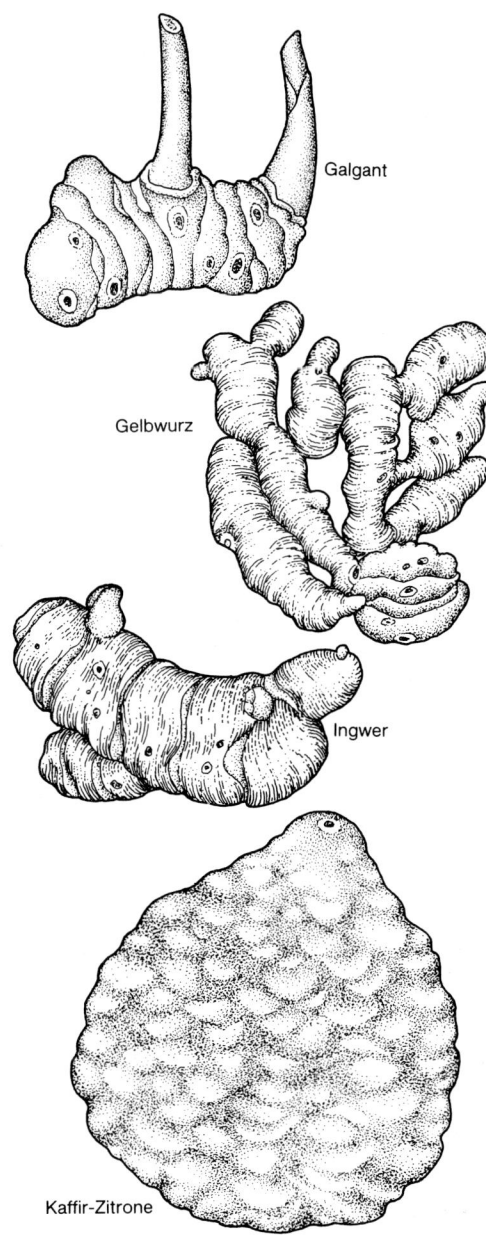

Galgant

Gelbwurz

Ingwer

Kaffir-Zitrone

Hoisinsauce Chinesische Würzsauce, die man sowohl als fertige Tischsauce als auch zum Kochen verwenden kann. Ein guter Dip zu Frühlingsrollen oder anderen gebackenen Häppchen.

Ingwer Gehört fast in jedes Gericht und verleiht ihm das typische Parfum. Man sollte immer nur frischen Ingwer verwenden. Die Wurzelknolle muß prall und saftig wirken, die braune Haut seidig glänzen. Auf keinen Fall verschrumpelte Knollen kaufen. Ingwer läßt sich gut aufbewahren: zwei, drei Wochen in ein feuchtes Tuch gehüllt, im Gemüsefach. Größeren Vorrat bettet man am besten in Sand oder Blumenerde, die nur ganz wenig angefeuchtet werden darf. Tut man des Guten zuviel, wächst zwar eine schöne Schilfpflanze heraus, die Wurzeln allerdings schmecken nicht mehr. Auf Nummer Sicher gehen Sie, wenn Sie Ingwer bereits geschält und im Mixer fein gehackt einfrieren – am besten flach auf einem Tablett verteilt. Dann läßt sich nach dem Festwerden der Ingwer in Bröckchen brechen und bequemer portionieren. Bereits strohig getrocknetem Ingwer läßt sich übrigens noch Würzkraft entlocken, wenn man ihn kleingehackt mit der Knoblauchpresse ausquetscht.

Jasmin Die betörend duftenden Blüten werden in Thailand zum Parfümieren von Desserts verwendet. Leider bekommen wir sie hier nur selten.

Kaffir-Zitrone *Citrus hystrix.* Eine spezielle Zitronensorte, die ausschließlich zum Würzen verwendet wird. Die Frucht ist so groß wie eine Limone, hat jedoch eine dik-

123

ke, stark gerunzelte Schale und kaum Fruchtfleisch. Man würzt mit der Schale, die man mitkochen läßt, oder mit den Blättern, (siehe auch *Zitronenblatt*), die sowohl mitgekocht oder als frisches Kraut, in sehr feine Streifen geschnitten, über das fertige Essen gestreut werden. Das Fleisch und der Saft spielen keine Rolle.

Kardamom Ein Gewürz, das bei uns vorwiegend in der Weihnachtsbäckerei Verwendung findet, in Thailand jedoch für eine ganze Reihe von Gerichten, zum Beispiel für die *Currypaste* nötig ist. Kardamom gilt als die Königin unter den Gewürzen. Man verwendet die winzigen Samenkörnchen, die in einer hellgrünen oder dunkelbraunen Kapsel stecken. Sie haben einen intensiven, an Ingwer erinnernden Geschmack. Wie für fast alle Gewürze gilt auch hier: Niemals bereits gemahlenen Kardamom, sondern immer die ganzen Samenkapseln kaufen.

Klebereis →Reis

Knoblauch Kaum ein Gericht in der Thai-Küche, in dem er nicht Verwendung fände. In Thailand bildet Knoblauch kleinere Knollen, als wir sie kennen, mit einem rosa Schimmer und einem etwas anderen Aroma. Trotzdem kann man natürlich ohne weiteres einheimischen Knoblauch verwenden.

Kokosnuß In Thailand als eines der billigsten Lebensmittel überall verfügbar, deshalb spielt sie auch eine große Rolle. Bei der jungen, grünen Nuß ist das glasige Fruchtfleisch noch relativ uninteressant, es wird allenfalls für manche Desserts verwen-

det. Das Wichtigste ist vielmehr das Fruchtwasser: Es ist beliebt als erfrischendes Getränk und nicht zu verwechseln mit Kokosmilch oder -sahne.
Dafür braucht man die reife Nuß, deren braune, haarige Außenschicht sich vielseitig verwenden läßt (für Kokosmatten, als Dämmaterial, usw.). Nur sie liefert das weiße, fetthaltige Fruchtfleisch, aus dem man nicht nur Öl, sondern auch die für die Thai-Küche so unentbehrliche Kokossahne herstellt (siehe Seite 22).
Leider sind Kokosnüsse hierzulande vergleichsweise teuer. Mit getrockneten Kokosflocken, wie man sie für die Weihnachtsbäckerei braucht, läßt sich jedoch keine gute Kokossahne herstellen. In Asien-Shops findet man Kokosmilch in Dosen oder Flaschen, die gar nicht schlecht ist. Aber: Immer darauf achten, ob es sich um ungesüßte handelt. Gesüßte Kokosmilch ist nur für Desserts geeignet. Manchmal gibt es auch dehydrierte Kokosmilch, als fester Block in Vakuumplastikfolie verpackt. Man muß sie mit heißem Wasser anrühren, und sie schmeckt tatsächlich ausgezeichnet.

Koriander Für die Currymischungen und -pasten braucht man tatsächlich die kleinen, hellbraunen Samenkörner, die uns hierzulande als Brotgewürz vertraut sind. Meist aber versteht man darunter das grüne Kraut, das man aus diesen Samenkörnern zieht. Ein Kraut von intensivem, sehr charakteristischen Duft (man nennt es übrigens auch *Wanzenkraut,* weil es einen ganz ähnlichen Duft verströmt). Es wird überall in Asien so verschwenderisch eingesetzt, wie hierzulande Petersilie. Man nennt es deshalb oft auch *Chinesische Petersilie.* In

arabischen Ländern kennt man es als *Cilantro.* Allmählich wird es auch hierzulande bei gut sortierten Gemüsehändlern immer öfter angeboten. Wenn nicht, läßt sich das Kraut im Blumentopf sogar auf der Fensterbank ziehen: Die Samenkörner lose auf der Erdoberfläche verteilen, nicht mit Erde bedecken, sondern nur ein bißchen bestreuen, sie feucht, warm und hell halten. Leider läßt sich Koriandergrün durch absolut gar nichts ersetzen. Deshalb lieber weglassen, wenn man keines bekommt.

Korianderwurzel Spielt in der Thai-Küche etwa die Rolle wie bei uns die Petersilienwurzel. Diese kann man auch als Ersatz nehmen, wenn ihr auch der typische Duft fehlt.

Krabbenpaste →Garnelenpaste

Kreuzkümmel Auch *Cumin* genannt, auf indisch *Jeera.* Sehr typisches und wichtiges Gewürz für Currymischungen. Hat nichts mit Kümmel zu tun, ist viel blumiger und üppiger im Geschmack.

Laos →Galgant

Limone Kleine, etwa tischtennisballgroße Früchte der in Thailand üblichen Zitrusart. Die uns vertraute Zitrone ist dort unbekannt. Dünnschalig mit grünlichem, sehr saftigem Fruchtfleisch. Man kann Limonen auch bei uns als Exoten kaufen. Ihr Saft schmeckt natürlich anders als Zitronensaft. Es macht aber wirklich nichts, wenn man diesen als Ersatz nimmt.

Lotussamen Die erdnußgroßen Samen

124

einer Wasserlilie. Schmecken als Gemüse oder, in Zuckersirup und Kokosmilch gekocht, als Dessert.

Macis Auch *Muskatblüte*. Das filigrane Geflecht, das die Muskatnuß umschließt. Gehört, zusammen mit der Muskatnuß in manche Currys, vor allem in die Masaman-Currypaste (Rezept Seite 20).

Mangetouts →Zuckerschoten

Mango Wir kennen hier nur die reife, süße exotische Frucht mit dem saftigen orangefarbenen Fruchtfleisch, das immer ein bißchen nach Terpentin riecht. In Thailand gibt es viele Varietäten. Sie werden vor allem auch in unterschiedlichen Reifestadien gegessen. Grüne Mango, mit hartem, knakkigem Fleisch erinnern eher an sehr säuerliche Äpfel. Man ißt sie mit Chili, Ingwer, Knoblauch und Schalotten angemacht als erfrischenden, säuerlichen Salat.
Mit reifen Mangos wird in Thailand während der kurzen Saison (von Ende März bis Ende Mai) ein wahrer Kult betrieben. Die besten sind sehr teuer, haben butterzartes orangefarbenes Fleisch (siehe Seite 112) und werden zusammen mit Klebreis und Kokossahne als Dessert geliebt.

Mangostan Eine wunderbare exotische Frucht mit cremefarbenem, saftigen Fruchtfleisch, das wie Orangenschnitze in einer dunkellilafarbenen, dicken Schale sitzt.

Minze Die asiatischen Varianten haben spitze oder runde Blätter, sind von sattem Grün (auch die Stiele) und außerordentlich würzig in Duft und Geschmack. Ähnlich wie die arabische Minze durchaus nicht an Pfefferminze erinnernd, sondern fruchtig und würzig.

Nam plaa →Fischsauce

Nelken Nicht nur eine Zutat für die Masanam-Currypaste, sondern auch geschätzt als Heilmittel: Bei Zahnweh gekaut, lindern sie Schmerzen, nach einem schweren Essen fördern sie die Verdauung.

Nudeln Spielen in vielen Varianten eine wichtige Rolle in der Thai-Küche: Als Hauptgerichte, in Suppen und Salaten.
Eiernudeln werden häufig aus Enteneiern und stets mit Weizenmehl hergestellt. Sie sind spaghettidünn und zu Nestern gedreht, wenn man sie kauft. Sie werden ganz kurz in Salzwasser gekocht.
Alle anderen Nudeln werden entweder nur mit kochendem Wasser überbrüht und eingeweicht oder schwimmend in heißem Fett knusprig ausgebacken.
Glasnudeln sind aus dem Mehl von Mungobohnen hergestellt und haarfein. Sie sind nach dem Einweichen durchsichtig, daher ihr Name. Sie schmecken neutral, nehmen jedoch gut alle Gewürze auf.
Reisnudeln gibt es in verschiedenen Varianten. Haarfein, wie Glasnudeln, sehen sie ihnen im trockenen Zustand auch ähnlich. Eingeweicht allerdings erscheinen sie dann weiß, nicht transparent. Reisnudeln sind auch in einer Breite von einem halben bis zu zwei Zentimetern erhältlich.

Öl Man verwendet in Thailand Erdnußöl, möglichst nicht raffiniert, damit es noch seinen eigenen Geschmack hat.

Pandanblätter Die langen, schmalen Blätter einer immergünen Pflanze duften aromatisch und werden deshalb gern als schützende und würzende Hülle beim Garen von Lebensmitteln verwendet. Man kann sie jedoch nicht essen. Für ihren Duft gibt es keinen Ersatz. Statt in Pandanblätter kann man zu grillendes oder dämpfendes Fleisch auch in Bananenblätter packen, aber auch einfach nur in Pergamentpapier oder Folie.

Palmzucker Wird aus der Frucht einer speziellen Palmenart hergestellt (siehe auch Seite 13). Zur festen braunen Masse kandierter Saft dieser Palmenfrucht. Braucht man als Gewürz. Läßt sich durch braunen Zucker natürlich nicht ganz ersetzen, weil diesem das typische Aroma fehlt. Palmzucker kann man in guten Asienläden kaufen. Er hält sich praktisch unbegrenzt.

Pâte a brick Fertig zu kaufen – die Teigblätter, die man für eine arabische Teigtaschenspezialität *(Œuf à brick)* benötigt. Läßt sich ebensogut als Hülle für Frühlingsrollen verwenden.

Pfeffer Wird frisch zerstoßen oder gemahlen und verwendet wie bei uns auch. Der schwarze Pfeffer gilt als aromatischer

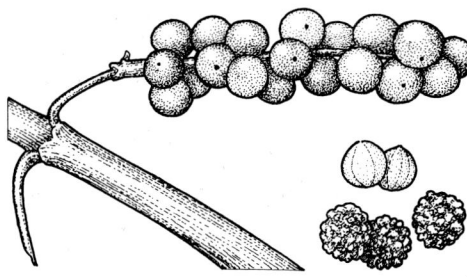

und ist deshalb beliebter. Die grünen frischen Pfefferbeeren, die im Süden des Landes wachsen, gibt es das ganze Jahr. Die frische Ernte nach Ende der Regenzeit im September allerdings wird als besonders delikat hoch geschätzt.

Reis In Thailand wird mehr Reis angebaut als sonstwo in der Welt. Und von hier stammt auch die beste aller Reissorten: *Duftreis,* eine schlanke Langkornsorte, die gekocht einen betörenden, für Thailand typischen, wunderbaren Duft verströmt. Duftreis ist teuer, aber in gut sortierten Asien-Shops auch bei uns erhältlich. Normalerweise wird polierter Langkornreis gegessen. Im Norden Thailands, in anderen Regionen vorwiegend bei Desserts, spielt *Klebereis* eine besondere Rolle: Roh wirkt er wie von einer Stärkeschicht umhüllt. Gekocht kleben die Körner fest aneinander und sehen eher glasig als opak aus.

Reismehl Für manche Teige nötig. Läßt sich notfalls mit Speisestärke ersetzen.

Reisnudeln →Nudeln

Reispapier Weiß-opak schimmernde Blätter aus Reismehl, die eingeweicht werden müssen, bevor man sie als Hülle für Frühlingsrollen verwenden kann.

Safran Kennt man ja auch aus verschiedenen Küchen Europas: Der Blütenstempel einer Krokusart, der ein betörendes Gewürz liefert und intensiv gelb färbt. Weil kompliziert anzubauen und zu gewinnen, immer noch das teuerste Gewürz der Welt. Es gehört in viele Curries und manche Saucen.

Schalotten In Thailand ist eine kleine, sehr würzige Sorte üblich: rötliche Zwiebelchen, die besonders mild sind. Man kann sie in guten Asien-Shops kaufen. Sie wachsen aber auch problemlos bei uns: Im Herbst in den Boden gesteckt, liefern sie bereits im Frühsommer schöne Exemplare.

Schwarze Bohnen Fermentierte, dadurch schwarz gefärbte, salzige und sehr würzige Sojabohnen. Man nimmt sie als Gewürz, vor allem bei Gemüsegerichten und zusammen mit hellem Fleisch, Fisch oder Meeresfrüchten. Man kann sie getrocknet kaufen und muß sie dann vor Gebrauch mit etwas kochendem Wasser überbrühen. Oder man kauft sie in Salzlake in der Dose.

Sesampaste Auch *Tahin* genannt. Eine Art Erdnußbutter aus Sesamsaat. Gibt es im Glas zu kaufen. Verwendet man zum Würzen von manchen Gerichten.

Sesamöl Nicht zu verwechseln mit dem aus Sesamsaat kalt gepreßten Öl aus unseren Reformhäusern oder Naturkostläden. Es ist vielmehr ein Würzöl, das nur tropfen- oder eßlöffelweise als Gewürz verwendet wird. Hergestellt aus gerösteten Sesamsamen liefert es einen charakteristischen Duft und Geschmack, der für viele Gerichte unerläßlich ist und ihnen überhaupt erst das richtige Aroma verleiht.

Sesamsamen Gibt es geschält, als *helle Sesamsaat,* und ungeschält, als *schwarze Sesamsamen.* Man streut sie über Salate als Gewürz und als nussigen Kontrast in cremigen oder weichen Gerichten.

Sojakeime →Bohnensprossen

Sojasauce Spielt in der Thai-Küche zwar nicht dieselbe wichtige Rolle wie in der chinesischen oder japanischen. Gehört aber unbedingt tropfen- oder eßlöffelweise in viele pfannengerührte Gerichte. Man unterscheidet drei Sorten: *Helle Sojasauce,* die man universell einsetzen kann. Sie ist der chinesischen am ähnlichsten. Man kann jedoch auch eine japanische Sojasauce verwenden. *Dunkle Sojasauce* – mit Zuckercouleur dunkel gefärbt, kräftiger im Geschmack – findet eher in Suppen Verwendung und überall da, wo die dunkle Farbe nicht stört. Außerdem gibt es *gesüßte Sojasauce,* die eher der indonesischen entspricht. Auch sie ist dick und dunkel, also nicht in allen Fällen einsetzbar.

Speisestärke Umhüllt helles Fleisch mit einem Film, der es saftig und zart erhält. Zum Pfannenrühren besonders wichtig: Fleischstreifen oder -würfel werden mit etwas Stärke gründlich eingerieben.

Sternanis Rötlich-braune, glänzende Samen, die in sternförmigen Kapseln stecken. Liefern ein starkes, exotisch-fremdartiges Gewürz, das nur entfernt an unseren Anis erinnert. Gehört in manche Suppen und viele Curries.

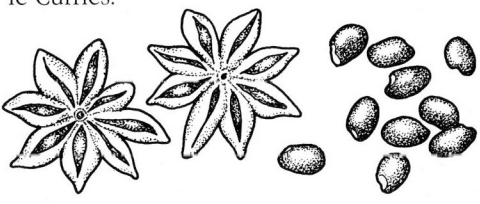

Strohpilze Grau-schwarze Zuchtpilze, die rund wie eine Kugel geformt sind. Werden auf Stroh gezogen, daher der Name. Gibt es leider bei uns nur in der Dose. Sind jedoch trotzdem ein passabler Ersatz für frische.

Tamarinde Aus der säuerlichen Hülsenfrucht des Tamarindenbaums gewinnt man eine Würzpaste, die zu manchen Curries gehört. Gibt es in Asienshops. Läßt sich notfalls durch ein paar Tropfen Zitronensaft oder Essig ersetzen.

Tapioka Das stärkereiche Mehl, das aus der Maniokwurzel gewonnen wird. Für manche Teige nötig.

Tongupilze Japanisch *Shitake* genannt. Baumpilze mit dunklem Hut und dünnem,

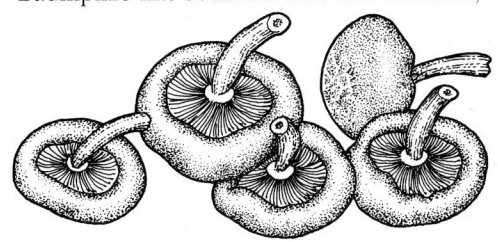

zähen Stiel. Werden hauptsächlich getrocknet angeboten, weil sie so am intensivsten schmecken. Mit kochendem Wasser überbrüht läßt man sie eine halbe Stunde einweichen, bevor man sie weiterverarbeiten kann. Der Stiel gibt nichts her, man wirft ihn einfach weg. Gute Qualitäten haben dicke, fleischige Hüte, die auf der Oberseite ein helles Craquelé-Muster tragen. Die manchmal frisch angebotenen Pilze sind übrigens längst nicht so intensiv im Aroma.

Wasserkastanien Die zwiebelähnlichen Wurzelenden einer Wasserpflanze haben zwar die Form von Kastanien, aber ansonsten nichts mit ihnen gemein. Sie sind besonders knackig, auch wenn sie – wie bei uns üblich – aus der Dose stammen.

Wolkenohrpilze Chinesisch *Mu-Err*, auch Morcheln genannt. Eine Baumpilzart, schwarz und dünnfleischig. Wird nur getrocknet angeboten und muß vor dem Ver-

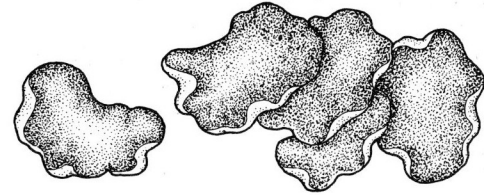

arbeiten eingeweicht werden. *Weiße Wolkenohrpilze* oder Morcheln sehen aus wie kleine Badeschwämme und sind knackiger in der Konsistenz.

Zitronenblatt Sattgrün und glänzend, von wunderbar duftigem Zitronenaroma. Die Doppelblätter der *Kaffirzitrone* sind als Gewürz charakteristisch für die Thaiküche und durch nichts zu ersetzen.

Zitronengras Eines der wichtigsten Thai-Gewürze. Schilfartiges bis zu einem Meter hohes Gras, das einen kräftigen Zitronenduft verströmt, wenn man es zwischen den Fingern zerreibt. Man verwendet die bulbenartigen unteren weißen Enden, weniger das Blattgrün. Entweder läßt man es in gro-

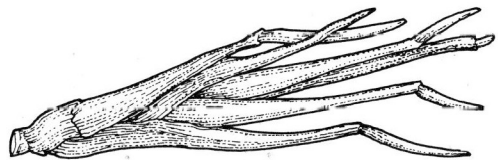

ßen Stücken mitkochen. Oder man schneidet es sehr fein und kann es auch roh in Salate streuen. Auf französisch heißt es *Citronelle*, trotzdem darf man es nicht mit Zitronenmelisse verwechseln, die mit Zitronengras gar nichts zu tun hat. Läßt sich übrigens vielmehr durch ein Kraut ersetzen, das auf französisch *Verbène* heißt und als Tee geschätzt wird.

Zucker Eine Prise davon gehört fast überall als Gewürz hinein. Brauner Rohrzucker bringt das beste Aroma. Zum Süßen der sehr süßen thailändischen Desserts nimmt man jedoch besser weißen Kristallzucker, der ruhig auch vom Zuckerrohr stammen darf. Er ist jedoch bei uns teuer und rar.

Zuckerschoten Auch *Mangetouts* genannt, weil man auch die Schoten (also alles) essen kann. Eine Erbsenart, deren Schoten zart sind und deren Erbsen selbst ganz klein bleiben. Ein empfindliches Gemüse, das nur sekundenlang im heißen Öl geschwenkt werden darf, um gar zu sein. In Wasser blanchiert wird es meist sehr schnell zu weich und lasch.

Rezeptregister

Bezugsquellen thailändischer Lebensmittel

KU LONG LADEN
Nollendorfstr. 8
1000 Berlin 30
030/2166698

Bam's Shop
Feuerbachstr. 18a
1000 Berlin 41
030/7923508

V.N.Center
Krummestr. 42
1000 Berlin 12
030/3125069

Asia-Markt
Kantstr. 118
1000 Berlin
030/3138802

Gue-Chun CHAE
Ansgaritorstr. 9
2800 Bremen 1
0421/15207

Que-Huong Shop
Fuhlsbüttler Str. 417
2000 Hamburg 60
040/6315684

Choi Huning-Cha
Hamburger Str. 43
2000 Hamburg
040/2991118

SHIN'S FOOD IMPORT
Barmbeker Markt 37
2000 Hamburg 76
040/297188 (295776)

Choi Sung-Su
Bahnhofstr. 8
3000 Hannover 1
0511/321741

Thai Shop
Raschplatz 5
3000 Hannover 1
0511/3481661

THAI SHOP
Friedrich-Ebert-Str. 101
3500 Kassel
0561/777491

Kanda Röllke
Wilhelmshöher Allee 105
3500 Kassel
0561/26699

KIM & LIM OHG
Dinnendahlstr. 31
4000 Düsseldorf 1
0211/233031

GARTEN EDEN
Wallstr. 16
4030 Ratingen 1
02102/15759

ASIA CENTER
Engelbertstr. 56
4300 Essen
0201/222325

Park Tee-Bong
Krimstr. 10
4600 Dortmund
0231/810837

SAM BOO
Münsterstr. 24
4600 Dortmund 1
0231/814532

DIES UND DAS
Friedrich-Verleger-Str. 17
4800 Bielefeld 1
0521/170757

Thailand Shop
Frankfurter Str. 89
5000 Köln 80
0221/699027

CHANA'S SHOP
Beethovenallee 69
5300 Bonn 2
0228/363859

Savadee-Thai Shop
Klingerstr. 2–4
6000 Frankfurt 1
069/287230

S.E.A. ASIA SUPERMARKT
Hölderlinstr. 5
6000 Frankfurt/M
069/4950978

Teppanom Asia Shop
Goethestr. 18
6520 Worms
06241/49194

ASIA SHOP
Mainzer Str. 55
6600 Saarbrücken
0681/62900

China-Basar
Brahmsstr. 10
6725 Römerberg 2
06232/78655

MEKONG GmbH
Pariser Str. 121–123
6750 Kaiserslautern
0631/26100

Asia Food DONG-A GmbH
Bebelstr. 54 B
7000 Stuttgart 1
0711/632089

Thai-Spezialitäten Mayer
Markthalle
7000 Stuttgart 1
0711/244774

Dong Ho KIM
Zähringer Str. 49
7500 Karlsruhe 1
0721/377229

Mabuhay V.Daniels
Roßbachstr. 16/1
7980 Ravensburg
0751/17179

EUROASIA
Erzgießereistr. 48
8000 München 2
089/525817

TAI PING
Gabelsbergerstr. 17
8000 München 2
089/282323

MAI-Ling
Westenrieder Str. 8a
8000 München 2
089/294011

TAI PING
Gabelsbergerstr. 17
8000 München 2
089/282323

THAI SHOP
Dachauer Str. 111
8000 München 2
089/529586

Asia Shop
Wiesenstr. 57
8500 Nürnberg
0911/447401

ORIENTAL FOOD
Jakobinerstr. 18
8510 Fürth
0911/707793

SEOUL SANG SA
Tixtorstr. 22
8700 Würzburg
0931/59960

Nguyen Thi Tue Asia Laden
Vorderer Lech 43
8900 Augsburg
0821/156756

Dängs Thaishop
Waffenplatzstr. 11
CH-8027 Zürich
01/2022815